HEYNE

Jost Kaiser

ALS HELMUT SCHMIDT EINMAL ...

Kleine Geschichten über einen großen Mann

HEYNE <

MIX
Papier aus verantwortungsvollen Quellen
FSC® C014496

Verlagsgruppe Random House FSC-DEU-0100
Das für dieses Buch verwendete
FSC®-zertifizierte Papier *Munken Premium Cream*
liefert Arctic Paper Munkedals AB, Schweden.

7. Auflage 2013

Umschlaggestaltung: David Hauptmann, Hauptmann & Kompanie Werbeagentur, Zürich, unter Verwendung eines Fotos von © Bundesarchiv/Hoffmann, Harald (B145 Bild-F062763-0002)
Satz: EDV-Fotosatz Huber/Verlagsservice G. Pfeifer, Germering
Druck und Bindung: GGP Media GmbH, Pößneck
Printed in Germany 2013
ISBN: 978-3-453-20036-4

www.heyne.de

Vorwort

»Ich habe nur die Absicht, drei Sätze zu sagen,
und ich bitte, mich ausreden zu lassen.
Noch habe ich das Recht, hier zu reden!«

HELMUT SCHMIDT IM BUNDESTAG,
1.OKTOBER 1982

Die Idee, jemand könnte Helmut Schmidt nicht ausreden lassen oder ihm gar das Rederecht absprechen: Sie ist im Jahr 2012 noch viel absurder, als sie es 1982 schon war.

Schmidt-Schnauze, oder »Schmidt-The-Lip«, wie der Amerikaner sagt, ist langsam so groß geworden, dass man sich dabei erwischt zu denken: Das kann kein Zufall sein, dass der Mann am 23. Dezember 1918, also fast an Heiligabend geboren wurde. Denn auch wenn es vielleicht noch nicht ganz Gottes Wort ist: Was Schmidt sagt und was er gemacht hat, erzeugt in Deutschland geradezu sakrosankte Ehrfurcht.

Muss man die haben? Klar, muss man.

Schließlich hat Schmidt die RAF besiegt. Und ein bisschen auch – seiner Lieblingsbeschäftigung »crisis management« nachgehend – die Ölkrise. Auch den Ostblock hat er ein bisschen besiegt, weil er – damals eine Todsünde für alle guten Sozialdemokraten – angefangen hat, die Russen zusammen mit Ronald Reagan totzurüsten. Nur das sozialdemokratische Paradies auf Erden – das hat Schmidt nicht geschaffen. Das müssen mal wieder andere errichten.

Nein, wie der Kanzler mit klarer Kante und mit Immanuel Kant in Deutschland durchregiert hat, das war schon alles sehr gut, oder, um Schmidt zu zitieren: »Wir haben es ganz ordentlich gemacht.«

Ja, das stimmt. Danke, Schmidt!

Was soll man von Schmidt also noch erzählen? Ich bin der Meinung, es ist Zeit, den Weltökonom und Großstaatsmann neu zu würdigen. Nicht groß. Sondern im Kleinen. Denn ein Riese ist er ja schon selbst.

Dicke Bücher mit den großen Lebenslinien gibt's genug. Trotzdem ist vieles unerzählt geblieben. Dabei sind die Archive voll mit fast siebzig Jahren Schmidt-Berichterstattung, man muss sie nur durchforsten.

Hier sind 55 kleine Geschichten, die erzählen, was Helmut Schmidt so getrieben hat, wenn er nicht gerade mit dem Besiegen der RAF, dem Krisenmanagement der Weltwirtschaft und dem Abwehren des gröbsten Unsinns seiner Partei beschäftigt war: viel. Sehr viel. Denn Schmidt ist immer im Dienst.

Es sind 55 vermeintliche Nebenaspekte und Anekdoten, winzige Pointen, mitunter kleine anarchische Volten, die fast vergessen sind. Sehr zu Unrecht. Denn gerade in den kleinen Begebenheiten am Rande, in den bislang unerzählten Ausbrüchen aus dem offiziellen Schmidt-Sein, zeigt sich Helmut Schmidt auf sehr persönliche Weise.

Beim Finden der Geschichten konnte natürlich nur der Kanzler-Standard gelten, wie er ihn am 1. Oktober 1982 formuliert hat: »Jedermann darf und jedermann muss mit unserer Stetigkeit rechnen.«

Wir haben uns daran gehalten, Kanzler.

Als Helmut Schmidt einmal …

… den Fernseher versteckte

14. Juni 1978, 18 Uhr. Es ist WM in Argentinien. Deutschland spielt in der zweiten Finalrunde gegen Italien. Ein wichtiges Spiel. Die DFB-Elf hat noch die Chance, ins Finale einzuziehen. Ganz Deutschland sitzt vor dem Fernseher.

Helmut Schmidt hingegen sitzt auf einem braunen Kanzler-Ledersessel mit erhöhter Rückenlehne unter einem Gemälde von Schmidt-Rottluff und leitet eine Kabinettssitzung im Bonner Kanzleramt. Das Thema: der sogenannte Höcherl-Bericht, in dem der gleichnamige CSU-Mann sich mit der Frage beschäftigt, wie die RAF Schleyer unbehelligt tagelang in einem Hochhaus verstecken konnte.

Die meisten Regierungsmitglieder bewegt in diesen Stunden allerdings weniger die Frage, wo Schleyer war, sondern wo der Geist von Malente abgeblieben ist, der Deutschland 1974 zum Weltmeister machte. 1978 läuft es eher mau.

Fast alle Minister lassen sich von Referenten über den aktuellen Stand des Spiels informieren und tun so, als interessiere sie der Höcherl-Bericht mehr als der Spielbericht.

Hans Apel allerdings, wie Schmidt Hamburger und darüber hinaus auch noch Fan des FC St. Pauli, rennt immer wieder aus der Sitzung. Der Bundesverteidigungsminister setzt sich einfach vor den nächstbesten Fernsehschirm im Kanzleramt.

Schmidt hingegen bleibt bei der Tagesordnung. Als ihm sein Minister am Ende ein »0:0« zuruft, kann Schmidt mit dieser Information wenig anfangen. Der Kanzler: »Gegen wen haben wir denn eigentlich gespielt?«

Als Helmut Schmidt einmal …

… groovy war

Hochsommer 1978. Ferienzeit. Die deutsche Nationalmannschaft hat in Argentinien zwar sang- und klanglos die WM vergeigt, aber der Kanzler ist auf dem Höhepunkt seines Ansehens. Er hat letztes Jahr immerhin die RAF erledigt. Der Schmach von Cordoba in diesem Jahr steht der Sieg von Mogadischu gegenüber.

Und jetzt ist er auch noch Strauß losgeworden. Der ist kurz davor, nach Bayern abzuwandern, um nunmehr vom Süden aus statt direkt in Bonn Opposition zu machen. Als Ministerpräsident. Oder, wie Schmidt sagen würde: Anführer »der bayerischen Stämme«.

Doch die Briefe, die Schmidt von urlaubenden Bundesdeutschen bekommt, lesen sich nicht so, wie es sich für einen »bewunderten Deutschen« (so hat der *Spiegel* Schmidt getauft) gehört. Die Kanzlerfans orientieren sich eher am Spitznamen des Regierungschefs. »Schmidt-Schnauze« bekommt liebevoll auf dieselbe, das muss irgendwie ein Restbestand der antiautoritären Zeit sein.

»Lieber Helmut. Ich bin hier in Spanien und verbrate Deine Arbeitslosenunterstützung. Wenn Du weiterhin so sozial eingestellt bist, werde ich Dich wiederwählen. Tschüs Dein Werner«

»Lieber Helmut, auch auf dem Cannstatter Volksfest sind unsere Gedanken stets bei Dir, alter Hallodri. Grüße auch an Loki-Darling«

»Hay Helmut. du bist groovy. Deine Regierungsqualitäten sind pralle Spitze. Zieh‘ immer warme Socken an und spiel nicht mit Franz Josef«

»Lieber Kanzler, aufgrund Ihrer Währungspolitik ermöglichen Sie uns einen wunderschön billigen Urlaub in Irland«

»Als Soldaten der Bundeswehr produzieren wir zur Zeit Sicherheit auf Kreta. Wir möchten Ihnen für die schönen Tage hier danken.«

Nur im preußischen Osten weiß man noch, was sich gehört im Umgang mit einem deutschen Regierungschef. Von dort kommt eine Karte, die so schlicht ist, wie im Ton angemessen:

»Werter Herr Kanzler und Frau, viele Urlaubsgrüße sendet Ihnen eine Familie aus der DDR«

Als Helmut Schmidt einmal …

… die Hosen runterließ und Strauß deshalb Nietzsche zitierte

1980, der Wahlkampf ist auf dem Höhepunkt, lässt Schmidt, der sich gern bescheiden als »erster Angestellter der Republik« sieht, die Hosen runter. Auf die Frage nach Verdienst, Vermögen und Pensionsansprüchen antwortet der Kanzler mit der ihm eigenen Pingeligkeit: »Nach meiner letzten Einkommensteuererklärung betrug mein zu versteuerndes Jahreseinkommen 1978 DM 233 000; nach Einkommen- und Kirchensteuer blieben DM 121 000. Über meine Pension habe ich mir noch keine Gedanken gemacht; sie ist im Abgeordnetengesetz und im Ministergesetz geregelt. Nach der letzten Vermögenssteuererklärung besaßen meine Frau und ich 1978 ein Haus in Hamburg, Einheitswert DM 196 000 (das Haus ist mit einer Resthypothek von DM 49 000 belastet), und ein Ferienhaus am Brahmsee mit einem Einheitswert von DM 41 000.

Dazu kommen Bundesanleihen in Höhe von rund DM 98 000. Der Wert der Lebensversicherung betrug 1978 DM 21 000.«

Ein Ferienhaus für 41 000 Mark, eine Lebensversicherung im Wert von 21 000 Mark – da muss der Kandidat der Union, Franz Josef Strauß, wahrscheinlich lachen. Tut er aber nicht. FJS, dem ein erhebliches Vermögen nachgesagt wird und der immer mal wieder im Zentrum von Bestechungsvorwürfen stand, antwortet auf die Geldfrage, er halte es mit einem Wort Friedrich Nietzsches: »Mancher weiß nicht, wie reich er ist, bis er erfährt, was für reiche Menschen an ihm noch zu Dieben werden.«

Als Helmut Schmidt einmal …

… den Deutschen Starsky und Hutch ausreden wollte

Am 25. August 1967 war das Verhältnis zwischen Fernsehen und Sozis noch in Ordnung: Willy Brandt drückte bei der Berliner Funkausstellung auf einen roten Knopf, startete das Farb-TV und wünschte »viele friedlich-farbige, aber auch spannend-farbige Ereignisse, über die zu berichten und die darzustellen sich lohnt«.

Aber Willy und der ganze Fortschrittsglaube der Sechziger sind passé, und Schmidt macht mit granitharter Kantscher Verantwortungsethik den Kanzler. Er, der in seiner Freizeit gern einen schönen Mozart auf dem Flügel spielt oder ein Aquarell malt, hält wenig bis gar nichts vom Guckkasten. Zwar hat sein Bildungsminister Jürgen Schmude das Fernsehen als größte »Volkshochschule der Deutschen« bezeichnet – aber der Kanzler will 1978 einen freiwilligen fernsehfreien Tag einführen. Grund: Die Television zerstöre die Kommunikation der Familienmitglieder untereinander. Enkel rede nicht mehr mit Opa, Frau nicht mehr mit Mann. Noch schlimmer: Immer weniger reden mit ihm, dem Kanzler, die grün werdende Jugend wendet sich ab, denn: »Auch zwischen Politikern und Bürgern ist die Verständigung oft nicht so, wie sie sein könnte – die Aktivitäten der Bürgerinitiativen jenseits der bestehenden politischen Parteien sind zum Teil aus diesem Defizit entstanden.«

Früher hatten deutsche Regenten das Parlament, die »Quasselbude«, als staatsgefährdend ausgemacht. Schmidt betrachtet das Quasselfernsehen als zersetzend.

Doch Schmidt hat die Lösung für den eskalierenden, am Ende kanzlergefährdenden Fernsehkrieg: einmal in der Woche den Kasten aus lassen. Sein väterlicher Rat: »Sie werden feststellen, dass es Sachen gibt, die noch mehr Spaß machen als Fernsehen. So wie übrigens an den autofreien Sonntagen im November 1973 viele erlebt haben, dass es Dinge gibt, die noch mehr Spaß machen als Autofahren.«

Dinge, die mehr Spaß machen als Autofahren und Fernsehen? – Ohne die Deutschen! Im Jahr der Kanzlerinitiative startet die TV-Klamotte *Zwei himmlische Töchter* mit Iris Berben und Ingrid Steeger sowie die Krimiserie *Starsky und Hutch*. Beides Riesenerfolge. Der TV-freie Tag ist ein Rohrkrepierer.

Wahrscheinlich waren Schmidts TV-Alternativen das Problem: Man solle doch ruhig mal wieder »Mensch ärgere dich nicht« spielen, schlägt der Kanzler vor.

Als Helmut Schmidt einmal …

… mit VWs und Opels mobilmachen wollte

30. Oktober 1971. Verteidigungsminister Schmidt hält einen Vortrag zum Thema »Die Sicherheit Europas«.

Die ist im Wesentlichen stabil. Im Gegensatz zur deutschen Seelenlage im Hinblick auf das Auto, wie sich herausstellt, als Schmidt nach einigem Dahinplätschern folgenden Satz sagt: »Wir werden übrigens im nächsten Jahr irgendwo eine Mobilmachungsübung machen, in der auch die zivilen Pkw, wie sie hier draußen stehen, eingezogen werden, um zu sehen, ob das überhaupt funktioniert.«

VWs, Opels oder gar Porsche 911er für die Bundeswehr? Staatsbürger in Uniform und im Ford Capri an die Front, um die Russen aufzuhalten? Über Schmidt bricht eine Protestwelle herein.

Bürger fragen: Darf man jetzt mit seinem Opel Rekord überhaupt in den Herbsturlaub fahren? Werden

Soldaten mit dreckigen Stiefeln den schönen Innenteppich des fabrikneuen VW K70 ruinieren?

Die Mobilmachungsübung (Mob genannt) existiert wirklich – auch das Einziehen von Fahrzeugen soll 1972 geprobt werden, aber »regional begrenzt« und vor allem mit Lkws.

Das steht im *Weißbuch* der Bundeswehr, einer Art Almanach der Truppe, ist aber erst jetzt, durch die Betonung Schmidts und entsprechende mediale Verstärkung (*Bild*-Zeitung), zu einer Angststörung der Deutschen gereift. Die Pressesprecher des Verteidigungsministers brauchen Tage, um die Lage wieder zu beruhigen.

Schmidt, zu diesem Zeitpunkt Deutschlands beliebtester Politiker, nimmt die Sache mit der ihm nachgesagten Bescheidenheit: »Ich kann ruhig mal ’nen Minuspunkt gebrauchen.«

Als Helmut Schmidt einmal …

… bei den Beatles Musik machte

Vielleicht dachten ja einige Bewohner der Abbey-Road kurz vor Weihnachten 1981, die Rest-Beatles seien zurück in ihrem Heimatstudio – obwohl John Lennon erst ein Jahr tot war.

Statt Paul mit George und Ringo kommt jedoch Helmut mit Christoph und Justus: Helmut Schmidt war vorgefahren, um mit Christoph Eschenbach und Justus Frantz Mozarts F-Dur-Konzert für drei Klaviere und Orchester (Köchelverzeichnis 242) einzuspielen. Die Entourage ist der eines Popstars angemessen: Schmidt kommt, zuvor im Luftwaffen-Learjet angereist, mit fünfzehn Begleitern und Leibwächtern.

Schmidt spielt samt sechzigköpfigem Orchester das Werk innerhalb von sechs Stunden ein – und braucht damit auch nicht länger als ein Profi.

Die BBC, die den Tastenmann Schmidt bei der Arbeit gefilmt hat, verkauft das Material anschließend in vierundsechzig Länder.

Nur in Deutschland wird gemäkelt: Der *Spiegel* vermutet hinter der Klavieraktion einen Trick Schmidts, um von seinem bröckelnden Image als Macher abzulenken und sich als »Musenjünger« zu präsentieren. Und in der Tat: Kurz darauf, im Jahre 1982, fällt die sozialliberale Koalition ins finale Koma.

Es ist das letzte Mal, dass Schmidt als Kanzler unterm Weihnachtsbaum und am Klavier sitzt. Nächstes Jahr ist schon Kohl Kanzler, dessen Ehefrau Hannelore gern die Heimorgel bedient.

Als Helmut Schmidt einmal ...

... mit Karl May die Wahl gewann

Herbst 1980. Die Bundestagswahl steht ins Haus. Helmut Schmidt tourt über die Marktplätze und durch die großen Hallen, um Deutschland vor einem Unglück zu bewahren. Das Unglück heißt Franz Josef Strauß und ist Kanzlerkandidat der Unionsparteien. Aber zum Glück hat Schmidt das einzige Gegenmittel gleich dabei: sich selbst.

Bei einer Veranstaltung im Freilichttheater in Bad Segeberg, der Heimat der Karl-May-Festspiele, hat Schmidt eine Rede mit Zitaten des Winnetou-Erfinders angereichert. Das kommt gut an. Seitdem zieht Schmidt – der das Publikum sonst schon mal mit seinen Lieblingsphilosophen Karl Popper und Immanuel Kant belehrt – mit dem großen Abenteuerromancier in seinen Wahlkampfreden durch die Lande.

Schmidt versucht, den Einmarsch der Russen in Afghanistan und der islamischen Revolution im Iran (beides ein Jahr her) mit der Figur Marah Durimeh aus dem May-Spätwerk *Durchs wilde Kurdistan* beizukommen. Der kleine Mann auf der Straße hört aus den Lautsprechern der SPD-Kundgebungen Großes von einer großen Weisen: »Da gibt es eine Frau«, erzählt Schmidt, »die wird vom Volk für heilig gehalten. Marah Durimeh heißt die. Und die hat etwas Wichtiges gesagt, bei Karl May in diesem Buch. Und das will ich mal vorlesen: ›Ihr Toren, die ihr den Hass liebt und die Liebe hasst. Soll sich das Wasser immer wieder röten von Blut? Und soll das Land vom Schein der Flammen sich röten? Könnt ihr nicht in Frieden leben? Niemand kann den Gott des anderen töten und niemand seinen Glauben.‹«

Von Marah Durimeh ist es nach Meinung des Kanzlers nicht weit zum Ayatollah und den Russen.

»Hier sind wir mitten in den Sorgen, die wir Deutschen und viele andere mit uns in Europa und die viele Völker in der Welt gegenwärtig haben. Die Sorgen gehen aus von Teheran, sie gehen aus von Afghanistan. Und von all diesen Besorgnissen möchte ich heute etwas sagen dürfen.«

Eine Botschaft hat der Kanzler in seinen Reden immer im Gepäck: Zur Behebung der Sorgen, die von Teheran und Afghanistan ausgehen, ist einer komplett der Falsche – Franz Josef Strauß. Der watet zwar nicht im Blut, dafür wird er von Schmidt aber gern als

Amokläufer und »Mann des Unfriedens« hingestellt: »Dieser Mann hat keine Kontrolle über sich – und deshalb darf er keine Kontrolle über den Staat bekommen.«

Das sieht nicht jeder so. Jedenfalls nicht in Bad Segeberg: FJS ist hier im Jahr zuvor im Freilichttheater zum Ehrenhäuptling »Schneller Pfeil« ernannt worden und lief mit Indianer-Kopfschmuck durch die Arena.

Die Karl-May-Schlacht gewinnt am Ende trotzdem Schmidt: Die SPD fährt 42,9 Prozent ein. Schmidt bleibt Kanzler. Und Strauß Häuptling von Bayern und Bad Segeberg.

Als Helmut Schmidt einmal …

… 1259 Seiten SPD-Programm in drei Sätzen zusammenfasste

Der Papst glaubt an das Wort Gottes. Verdinglicht in der heiligen römischen Kirche. Sozialdemokraten glauben an das Wort des Parteitages. Verdinglicht in den dicken Beschlusspapieren eines SPD-Konvents. Nichts auf der Welt ist für einen echten Sozialdemokraten existent, wenn es nicht hinterm Spiegelstrich im SPD-Programm oder in sogenannten *Grundsätzen, Orientierungsrahmen* oder dem *Protokoll der Verhandlungen des Parteitages der SPD* (wie dem von 1970 in Saarbrücken) auftaucht – das ist 1259 Seiten dick. Umgekehrt harrt die Welt zwar der kommenden Veränderungen. Aber die können sich nicht Bahn brechen, wenn ein SPD-Parteitag sie nicht beschlossen hat. Glaubt die SPD.

Um die Welt auf SPD-Niveau zu bringen, braucht die Sozialdemokratie meist Hunderte von Seiten. Und seit neomarxistische Studenten die Partei gestürmt haben, noch ein paar Seiten mehr. Die wollen nicht nur die Partei verändern, sondern gleich die ganze Welt.

Helmut Schmidt interessiert sich nicht für die geliebte und gefürchtete sogenannte Seele der Partei. Aber wie das mit der Weltverbesserung geht, weiß er. Und um es zu erklären, braucht er 1969 – anders als die linken Weltveränderer – nur drei Sätze und fünfundvierzig Sekunden: »Etwas lernen, etwas leisten, anständig und ehrlich seine Steuern bezahlen, ordentlich was auf die hohe Kante legen – und im übrigen das alles nicht übertreiben, damit man auch genug Zeit und Muße hat, sich der weiß Gott angenehmen Seiten des Lebens zu erfreuen. Wenn das jedermann täte – wobei ich noch hinzufügen würde: außerdem SPD wählen und die Gewerkschaft stützen –, dann wäre die Gesellschaft besser dran.«

Als Helmut Schmidt einmal …

… auf der Orgel Gershwin spielte und tatsächlich einen Fehler machte

Die Sendung *Drei mal Neun* ist eigentlich nicht Helmut Schmidts Terrain: Wim Thoelke präsentiert ab 1970 die neunzigminütige Spielshow, die bereits viele Elemente vom *Großen Preis* enthält (Walter Spahrbier, Wum), achtmal im Jahr. Am Anfang singt das Fernsehballett:

»Das Glücksrad dreht sich, das Glücksrad
dreht sich.
Für Sie ist heute alles drin.
Das Glücksrad dreht sich, das Glücksrad
dreht sich.
Es wartet heute auf Sie der Hauptgewinn.
Spiel mit, das Glück macht heute eine
Show.
Spiel mit, heute sagt Fortuna nicht No.«

Die Sendung ist mit zahlreichen Showaufritten angereichert. Am 1. Juli 1971 treten Costa Cordalis, Karel Gott, Dalida und Marek und Vacek auf.

Schmidt tritt also in einer Sendung mit Gott, allerdings nicht gerade wie ein Tastengott auf: Der Verteidigungsminister spielt Gershwins »I Got Rhythm« auf einer elektronischen Orgel. Thoelke hatte zuvor anfragen lassen, ob er ein Instrument zum Üben schicken sollte, Schmidt hielt dies aber nicht für nötig. Prompt verspielt sich Schmidt und muss sogar neu ansetzen.

Schmidts Gershwin-Interpretation wird später auf einer *Drei-mal-Neun*-LP veröffentlicht, deren Erlös der Aktion Sorgenkind zugutekommt. Diese darf als erste Schallplattenveröffentlichung und einzige auf Platte gepresste Jazzinterpretation Schmidts gelten.

Als Helmut Schmidt einmal …

… einen Balken im Auge hatte

1978 wundern sich viele Deutsche, was mit Schmidt los ist: Der Kanzler ist auf dem Bundespresseball im November mit Ray-Ban-artiger Brille zu sehen und sieht aus wie Cary Grant in *Der unsichtbare Dritte.* Die Erklärung: Schmidt hat einen Balken im Auge. So bezeichnen Ärzte ins Sehorgan nicht gehörende Splitter mit gewisser Größe, die etwa durch einen Windstoß im menschlichen Auge gelandet sind. Des Kanzlers Balken ist 0,5 Millimeter groß und besteht aus Glas.

Wahrscheinlich war Schmidt der Fremdkörper im windigen Hamburg ins Auge geweht worden, als er dort seinen Vater besuchte. Die Ärzte gehen zunächst irrtümlich von einer Bindehautentzündung aus, und so ist der Kanzler zwölf Tage lang mit Cary-Grant-Brille und Augenklappe unterwegs.

Schmidt empfängt sogar Staatsgäste mit dem Accessoire, darunter Giscard d'Estaing und Italien-Premier

Andreotti. Die kannten bisher nur einen Mann des öffentlichen Lebens mit Augenklappe: den legendären israelischen General Moshe Dajan.

Schmidt ist nur Reserve-Hauptmann und froh, nach knapp zwei Wochen doch noch vom Splitter erlöst zu werden. Er habe es satt, sagt der Regierungschef, »Gespräche unter drei Augen zu führen«.

Als Helmut Schmidt einmal …

… von der Witzepolizei erwischt wurde

Im Dezember 1969 macht Verteidigungsminister Schmidt mal einen Witz. Vor Parlamentariern der Westeuropäischen Union (WEU), einem ziemlich nutzlosen Nebengremium der NATO, versucht der Inhaber der Befehls- und Kommandogewalt (IBuK) die Stimmung etwas aufzulockern. Es sei »unrecht«, sagt Schmidt, die NATO »mit dem Liebesleben der Elefanten« zu vergleichen: »Alles spielt sich auf hoher Ebene ab; es wird viel Staub aufgewirbelt; aber auf Ergebnisse muss man jahrelang warten.«

Das Problem: Der Gag ist gar nicht von Schmidt. Er hat ihn von seinem neuen Boss geklaut, wie die Witzpolizei vom *Spiegel* herausfindet: Willy Brandt, damals noch Außenminister, jetzt Kanzler, hatte eine halbes Jahr vorher dasselbe über Europa gesagt.

Als Helmut Schmidt einmal …

… der Bundeswehr dicke Unterhosen besorgte

1955 wird die Bundeswehr aufgestellt. Während die DDR-Volksarmee Uniformen trägt, die fast wie die der Wehrmacht anmuten, orientiert man sich beim Bund zunächst an den Amerikanern.

Bloß die Ausgehuniformen des Heeres sehen nach allem aus, nur nicht nach Ami-Chic: Wie Briefträger würden sie daherkommen, »damit kann man sich kaum auf die Straße wagen«, und »die Hosenböden hängen runter, als ob wir reingemacht hätten«, beklagen sich die bundesdeutschen Landser.

Zu Recht, findet Helmut Schmidt. Er ist der erste sozialdemokratische Verteidigungsminister seit 1919, als Gustav Noske das Amt innehatte, und will gleich mal zur Verwaltungsoffensive übergehen.

»Die erste Brigade der Bundeswehr trägt die Sommeruniform im Sommer 1970. Und die anderen werden dann Schritt für Schritt neu eingekleidet«, verkündet Verteidigungsminister Schmidt den 285 500 deutschen Heeressoldaten kurz nach Amtsantritt 1969 in der *Bild*-Zeitung.

Doch die Bundeswehr hat kein Geld, und die Bürokratie ist zu langsam. Die neue Uniform kommt nicht.

Eine Woche später verkündet Schmidt daher zerknirscht – wieder in der *Bild:* »Die Truppe muss sich verschaukelt fühlen.«

Doch Schmidt trägt auch einen kleinen Sieg davon: Der Uniformstoff wird dünner. Und deshalb die Unterhosen dicker, damit die Landser im Winter nicht frieren.

Als Helmut Schmidt einmal …

… das beste Flugzeug seit Christi Geburt seinem Nachfolger hinterließ

1969. Helmut Schmidt ist Verteidigungsminister und darf sich, sturmerprobt, wie er ist, mit dem Tornado beschäftigen. Das Kampfflugzeug ist der Nachfolger des Starfighters F-104G. Den Starfighter hat noch Strauß besorgt. Aber wie der unstete Bayer, so stürzt auch die Lockhead F-104G ständig ab. Die raketenartige Maschine geht als »Witwenmacher« in die Geschichte ein, weil von 916 Maschinen 292 zu Boden gingen. Schmidt, gerade im Amt, übernimmt die Sache.

Der neue Supervogel, in NATO-Diktion *Multi-Role Combat Aircraft* genannt, soll Schwenkflügel bekommen und ein automatisches Steuerungssystem, um im Tiefflug weit im Osten Atombomben abzuwerfen.

Schmidt ist so beeindruckt von dem Fluggerät, dass ihm, der ja nicht zum Pathos neigt, nur biblische Vergleiche angemessen erscheinen. Der Tornado sei »das größte technologische Projekt seit Christi Geburt«. Also größer als der Kölner Dom, die Mondlandung und sogar größer als das Computersystem, das Horst Ehmke im Kanzleramt einrichten lässt.

1981. Der Stückpreis des Tornados ist inzwischen von 35 Millionen auf 67 Millionen Mark gestiegen. Verteidigungsminister Hans Apel, Nachfolger von Schmidt und Schorsch Leber, muss sich als inzwischen dritter Minister mit dem Tornado rumschlagen.

Schmidt ist auch nicht mehr so begeistert von dem Tiefflugbomber. Dafür aber inzwischen Kanzler. Und als guter Chef hat er einen Tipp für seinen Minister in Sachen Tornado: »Hans, ich rate dir dringend, ökonomischen Sachverstand ins Haus zu holen.«

ALS HELMUT SCHMIDT EINMAL …

… den Parteitag schwänzte, um mit seinen Bewachern Erbsensuppe zu löffeln

November 1977. Im Hamburger Kongresszentrum CCH tagt die SPD unter dem Motto: »Sozialdemokraten – Verantwortung für unseren Staat«. Nach der Rede von Willy Brandt am ersten Tag des Konvents zieht sich Schmidt in sein Tagungsbüro zurück, um – statt den Redebeiträgen der Genossen zuzuhören – an seinem Vortrag zu arbeiten. Doch Schmidts Arbeit wird gestört. Seine drei Sicherheitsbeamten löffeln Erbsensuppe, neben Labskaus das Lieblingsgericht des Kanzlers.

Schmidt schickt die Beamten in die Polizeikantine, um eine Kanzlerportion zu besorgen. Er kennt das schon. Suppe gab es auch immer, als er noch als Verteidigungsminister die deutsche Truppe besuchte, die sich seit dem Zweiten Weltkrieg freundschaftlicherweise vom Bedienen echter auf die Handhabung von Gulschkanonen verlegte.

Das Kleine-Leute-Gericht ist für Schmidt mit das Positivste am Parteitag. Den Rest des Konvents wird der Kanzler vom Hamburger Bürgermeister Hans-Ulrich Klose und dem notorischen Rollkragenträger Erhard Eppler genervt, die Schmidts Atompolitik kritisieren, anstatt den Helden von Mogadischu zu feiern.

Als Helmut Schmidt einmal …

… 86 Bruttoregistertonnen nach Polen segelte

Wenn Regierungschefs der Ostsee-Anrainerstaaten im Sommer 1979 am Horizont einen Zwei-Mast-Lotsenschoner am Horizont entdecken, dann bedeutet das nur eins: Achtung, Schmidt kommt. In dieser Zeit benutzt der Kanzler den 86-Bruttoregistertonnen-Segler »Atalanta«, der seinem Hamburger Kumpel, dem Bankier Eric Warburg, gehört, für Ausflüge zu mehr oder weniger befreundeten Regierungschefs.

Im August 1979 bringt der Segler, Baujahr 1901, 21 Meter lang, eine zwanzigköpfige bundesdeutsche Regierungsdelegation nach Polen zu Ministerpräsident Gierek.

Im Jahr zuvor war der Kanzler auch schon mit dem knächzenden Segler unterwegs. Da ist er mit dem kanadischen Premierminister Trudeau an Bord nach Dänemark gesegelt, um Ministerpräsident Anker Jørgensen auf Fünen zu besuchen. Und gleichzeitig Trudeau auf hoher See zum Kauf von Tornado-Kampfflugzeugen zu überreden.

Am Ruder steht ab und zu Schmidt selbst, der es sich auch nicht nehmen lässt, eine Nachtwache zu übernehmen. Der Kanzler kriegt sogar Lob vom Kapitän: »Den merkt man an Bord gar nicht. Wenn der ans Ruder geht, fragt er nur: ›Welchen Kurs?‹ Ich sag zum Beispiel, ›92 Grad‹, dann geh ich weg und brauch mich um gar nichts mehr zu kümmern.«

Auch gucke der Mann am Ruder zur Flagge im Masttopp, die die Windrichtung anzeigt, »und weiß sofort, ob eine Schot dichtgeholt werden muss oder nicht«.

Schmidt liebt solche Fahrten. Er macht nicht nur offizielle Staatsbesuche, er schaut schon mal bei Kollegen vorbei, wenn er »in der Nähe« ist.

Mit seinen »Atalanta«-Törns etabliert sich Helmut Schmidt als Staatskunsterneuerer historischen Ausmaßes: Er ersetzt die unselige deutsche Kanonenpolitik durch die freundlichere Segelbootpolitik.

ALS HELMUT SCHMIDT EINMAL …

… einen Kollegen lobte

Vom Kanzler gelobt zu werden kann sich – wenn's schlecht läuft – so anhören: Jimmy Carter, der Erdnussfarmer mit dem Moralüberschuss, sei »ein Mann mit besten Absichten«.

Den Ministerpräsidenten Edward Gierek mag Schmidt wirklich gern. 1979 kommt der Polen-Chef deshalb ebenfalls in die Verlegenheit, von Schmidt gelobt zu werden. Aber es geht glimpflich aus: Gierek hätte so große Fähigkeiten, sagt der Kanzler, dass er ihn »auch ins Kabinett nehmen würde. Sagen wir als Arbeitsminister.«

Ein Jahr später bricht der Aufstand der Arbeiter auf der Danziger Leninwerft los.

ALS HELMUT SCHMIDT EINMAL …

… von der Frage ermüdet war, wer unter ihm amerikanischer Präsident wird

Schmidt ist zwar Opel-Fahrer. Aber er hat auch eine Schwäche für Ford. Jedenfalls wenn er Gerald heißt. Mit dem 38. Präsidenten der USA verbindet ihn eine Freundschaft. Vielleicht liegt das auch daran, dass Gerald Ford die Präsidentschaft in einer Zeit der amerikanischen Schwäche übernimmt: Watergate hat gerade das Vertrauen in die politischen Institutionen, die Niederlage in Vietnam jenes in die Fähigkeit der USA zum Siegen erschüttert. Ford kommt, wie sich das gehört, dem Kanzler jedenfalls wenig mit abweichenden Meinungen in die Quere.

1976 engagiert Schmidt sich sogar indirekt für eine Wiederwahl Fords, der allerdings gegen Jimmy Carter verliert. Carter nervt den Kanzler von Anfang an. Schmidt über Carter: »quäkerhaftes« Auftreten und »völlig unberechenbar«.

Diese Einschätzung resultiert daraus, dass Carter die Neutronenbombe bauen wollte. Schmidt akzeptiert und setzt unter Bedingungen, wie sie nur eine friedensbewegte SPD-Fraktion bieten kann (also den allerschwersten), deren Stationierung in Deutschland durch. Kaum geschehen, da hat es sich Carter anders überlegt. Jetzt will er die Neutronenbombe doch nicht mehr bauen. Was soll das? Schmidt mag so etwas nicht.

1979. Carters Wiederwahl steht an. Helmut Schmidt schickt dem Wirren aus Georgia auf dem Gipfeltreffen auf Guadeloupe schön vergiftete Komplimente hinterher: Mit Carter laufe es jetzt ja besser, lässt Schmidt verlauten. Der Präsident habe viel dazugelernt.

Gegen eine zweite Amtszeit habe er, Schmidt, nichts einzuwenden. Denn: Einem Neuen im Weißen Haus müsse dann erst wieder alles mühselig beigebracht werden.

Als Helmut Schmidt einmal …

… das Wort an die eigene Jugend richtete

Seit den späten Sechzigerjahren strömen junge, von den Achtundsechzigern politisierte Akademiker in die SPD. Die Männer mit den Vollbärten lesen Marx, tragen keine Krawatten und wollen den »staatsmonopolistischen Kapitalismus« (Stamokap). Die jungen Frauen werden »rote Heidi« genannt. Wenn es nach den neuen Linken geht, soll die SPD wieder dahin geschoben werden, wo sie einst herkam: ins Lager der Revolution.

Willy Brandt steht den jungen Radikalen zwar skeptisch gegenüber, versucht aber auf den Parteinachwuchs pädagogisch einzuwirken. Vielleicht erkennt er sich auch in ihnen wieder.

Helmut Schmidt nicht. Er schlägt lieber gleich zu: »Viele Leute haben die Schnauze voll, die verstehen das Gestreite nicht mehr. Außerdem verstehen die das

Kauderwelsch der halbfertigen Akademiker nicht, die unsere Resolutionen mit ihren Wortlauten überschwemmen.«

Als Helmut Schmidt einmal …

… sagte, was für Revolutionäre nicht angängig ist

Am 9. November 1974 stirbt der RAF-Terrorist Holger Meins. Getreu seinem Motto »Sieg oder Tod« hat sich Meins, da der Sieg nicht in Sicht ist, für den Tod entschieden und ist an den Folgen eines Hungerstreiks gestorben. Die Fotos des ausgemergelten toten Meins scheinen die RAF-These zu bestätigen, dass die BRD »Revolutionäre« foltert und ein »faschistischer« Staat sei. Die linksliberale Öffentlichkeit ist geschockt.

Helmut Schmidt nicht: »Und darüber hinaus soll ja niemand vergessen, dass der Herr Meins Angehöriger einer gewalttätigen, andere Menschen vom Leben zum Tode befördert habenden Gruppe, nämlich der Baader-Meinhof-Gruppe, war. Und nach alledem, was die Angehörigen dieser Gruppe Bürgern unseres Landes angetan haben, ist es allerdings nicht angängig, sie, solange sie ihren Prozess erwarten, in einem Erholungsheim unterzubringen. Sie müssen schon die Unbequemlichkeiten eines Gefängnisses auf sich nehmen.«

Als Helmut Schmidt einmal …

… durchs Fenster ins Kanzleramt einstieg

Oktober 1975. Schmidts Vorzimmerdame Marianne Duden berichtet, was passieren kann, wenn der Kanzler noch mehr Tatendrang verspürt als sonst schon: Dann ist es ist durchaus möglich, dass Schmidt die 200 Meter vom Kanzlerbungalow ins Palais Schaumburg, wo bis 1976 das Kanzleramt untergebracht ist, zu Fuß geht. Kanzlerchauffeur Willi Jülich fährt im Daimler hinterher. Bei Ankunft im Palais würde Schmidt dann erwarten, dass, nach einem Kanzlerpfiff, die Vorzimmerdamen auf den Balkon treten, um den Chef freundlich zu grüßen.

Wenn der Kanzler gut gelaunt ist, klettert er schon mal im Erdgeschoss durchs Fenster.

Als Helmut Schmidt einmal …

… den Kanzlerpool schmähte

1966 wird der Kanzlerbungalow in Bonn fertig. Der Architekt Sep Ruf hat im Auftrag von Bundeskanzler Ludwig Erhard ein privates Wohnhaus im Bauhausstil entworfen, in dem alle Erhard-Nachfolger bis Helmut Kohl wohnen.

Die Mini-Schwimmhalle, die Erhard hat einbauen lassen, sorgt für einen kleinen Skandal und wird als »luxuriöser Prominentenpool« und Ausweis der Dekadenz »von denen da oben« geschmäht – ein früher Ausbruch des heute wohlbekannten Politikerhasses.

Erhard-Nachfolger Kiesinger hingegen hält das Becken für das Beste, was Erhard hinterlassen hat: »Sechs Stöße Brust, Purzelbaumwende, sechs Stöße Rücken – täglich. Das ist herrlich, das ist ein wirkliches Geschenk Erhards.«

Kiesinger benutzt den Pool fast täglich.

Helmut Schmidt nicht.

Der Kanzler ätzt, das Becken sei »so groß wie ein halber Esszimmertisch«. Wenn Schmidt abends heimkommt, spielt er lieber eine Partie Tischtennis mit Loki.

Als Helmut Schmidt einmal ...

... seinen Interviewer interviewte

17. Oktober 1975. Der *Guardian*-Reporter Peter Jenkins ist im Kanzleramt, um den deutschen Bundeskanzler zu aktuellen Fragen und zum deutsch-britischen Verhältnis im Besonderen zu interviewen. Britannien geht's nicht gut. Man spricht von der »englischen Krankheit«: Ständig streiken die Gewerkschaften, die Arbeitslosigkeit ist hoch, die Wachstumsrate niedrig.

Schmidt, dessen Lieblingswort »Crisis Management« ist, beginnt seine Ausführungen über die Lage von Jenkins' Heimatland. In perfektem Englisch rügt er die Gewerkschaften wegen »narrow minded insularity«. Die Unternehmer seien aber auch nicht viel besser. Diagnose: »Sleepy nine to five management.« Auf der englischen Klassengesellschaft ruhe kein Segen. Unterton: Im sozialdemokratischen Deutschland, wo er, Helmut Schmidt, regiert, ist alles besser. Da gibt es keine Klassen. Das heißt jetzt »Sozialpartner«.

Als er mit seinen Ausführungen fertig ist, interviewt der Kanzler Jenkins: Was denn Margaret Thatcher, Chefin der Konservativen, mache, ob Schmidt-Kumpel Denis Healey auf dem Labour-Parteitag Schwierigkeiten bekommen könne?

Um 16 Uhr ist das Interview schließlich zu Ende. »Der Kanzler redet nun mal so gern Englisch«, sagt ein Mitarbeiter.

Als Helmut Schmidt zum ersten mal …

… mit einer wohlgenährten Wochenzeitung in Verbindung kam

1959 lässt sich Helmut Schmidt für vier Wochen zur Bundeswehr einziehen, um einmal selbst zu sehen, wie es bei der neu gegründeten Armee so zugeht. Als er wieder im Bundestag ist, weiß er es: im Wesentlichen genauso wie im Bundestag, wo mit Drucksachen Papierkrieg geführt wird. Nur hat der Bundestag wahrscheinlich mehr Schreibgerät: »Wenn Sie die Papiere, die in einer Kompanie-Schreibstube für einen einzigen Freiwilligen geprüft und zum Teil ausgefüllt und weitergeschickt werden müssen, einmal aufeinanderlegen, stellen Sie fest – ich habe mir das angeschaut –, dass sie zusammen den Umfang einer wohlgenährten Wochenzeitung ausmachen, meine Damen und Herren. Und alles das muss die Schreibstube auf einer einzigen Schreibmaschine erledigen. Mehr Schreibmaschinen stehen ihr nicht zu.«

Da bleibt Schmidt lieber im Parlament. Nicht nur wegen der Schreibmaschinen. Sondern weil man dort – anders als bei der Bundeswehr, die, nach einem Landser-Schnack »dazu da ist, den Feind aufzuhalten, bis eine richtige Armee kommt« – größere Möglichkeiten hat, den Gegner zu bekämpfen.

Jedenfalls, wenn man Schmidt heißt.

Als Helmut Schmidt einmal …

… gern Revolutionär gewesen wäre

1959. Im Bundestag hat Helmut Schmidt einen Mann gefunden, mit dem er sich rhetorisch so kloppen kann, wie er sich das immer vorgestellt hat: »Es fällt schwer, bei der Polemik des Herrn Baron von Guttenberg nicht zu beklagen, dass die Deutschen niemals eine Revolution zustande gebracht haben, die dieser Art von Großgrundbesitzern die materielle Grundlage entzogen hätte.«

Karl-Theodor zu Guttenberg, drei Jahre jünger als Schmidt, ist der Großvater des zu kurzzeitigem Ruhm gekommenen späteren Verteidigungsministers.

Als zu Guttenberg schwer erkrankt, besucht ihn Schmidt am Krankenbett. Er ist erschüttert von der »ungemein knappen, alles Unwesentliche beiseite lassenden Präzision, nicht nur der Sprache, sondern ebenso der Gedanken« des Todkranken: »Sein Urteil war dasjenige eines völlig freien, eines befreiten Mannes.«

Bei der Beerdigung zu Guttenbergs im Oktober 1972 hält Schmidt die Grabrede.

In einem später erschienenen Nachruf spricht er von der Tapferkeit, mit der Guttenberg »dem Tod entgegengegangen« sei, und von seiner »Gelassenheit in Gott«: »Das alles zusammen hat uns einen Mann erleben lassen, der abhängig war nur von seinem Gewissen.« Schmidt: »Er war ein Gegner, nicht ein Feind.«

Das ist das vorletzte Mal, dass ein Guttenberg bei Schmidt gut wegkommt. Guttenbergs Enkel lobt er zwar erst als kanzlerfähig, doch als der CSU-Aufsteiger den Generalinspekteur der Bundeswehr und den Gorch-Fock-Kapitän in die Wüste schickt, hört für Hobbysegler und Hauptmann der Reserve Schmidt der Spaß auf.

Als Helmut Schmidt einmal …

… Willy Brandt erzählte, was Studenten im Norden so machen

Im frisch gebildeten sozialliberalen Kabinett kommt es 1969 zwischen Willy Brandt und Helmut Schmidt zum Streit über den Umgang mit der Jugend.

Schmidt hat die mit Marx-Zitaten und Steinen werfenden Studenten von Anfang an nicht ausstehen können. Brandt sieht die Radikalen etwas milder und denkt, dass aus denen noch was werden kann. Mindestens Oberstudienrat. Im optimalen Fall sogar Bundeskanzler – dafür ist er selbst ja quasi das beste Beispiel. Schließlich war Brandt in seiner Jugend auch mal dunkelrot.

Der Kanzler will eine Amnestie für die aufgrund der antiquierten Straftatbestände »Auflauf« und »Aufruhr« zu Straftätern gewordenen Radikalinskis. Schmidt ist gegen die weiche Welle. Das Hauptargument für politische Härte liefern wie immer Lehren aus dem Leben eines bestimmten Mannes: Helmut Schmidt: »Kameraden, hier im Kabinett sitzt keiner, der wie ich Innensenator war und die Polizei geleitet hat.«

West-Berlin gilt zwar als deutsche Protesthauptstadt, aber Schmidt hat überraschenderweise ganz im Norden die Anarcho-Kapitale ausgemacht: »Während wir hier reden, hauen die in Kiel dem Rektor in die Fresse und scheißen im Gerichtssaal auf den Tisch.«

Die Amnestie wird aufgeschoben.

Als Helmut Schmidt einmal …

… den Secret Service das Service durchsuchen ließ

Im Juli 1977 besucht Helmut Schmidt die USA. Dort regiert seit Januar – zum größten Bedauern des Kanzlers – Jimmy Carter. Natürlich darf der Kanzler nicht sagen, was er von Carter hält, denn dann wäre die Antwort auch im National Press Club (NPC) in Washington, wo Schmidt am 14. Juli 1977 ein Pressediner abhält, schnell gegeben: nichts.

Stattdessen redet er in perfektem Englisch über die deutsch-amerikanischen Beziehungen, Entspannung und wie es halt so weitergehen könnte auf der Welt, wenn die Vernunft, also er, sich durchsetzen würde.

Sprecher im National Press Club legen traditionell ihre Uhr zur besseren Zeitkontrolle vor sich auf den Tisch. Bisher haben alle sie hinterher auch wieder mitgenommen. Alle. Bis auf Schmidt. Als er schon eine Stunde weg ist, fällt dem Kanzler auf, dass er seine

Uhr vergessen hat. Das ist in der knapp siebzigjährigen Geschichte des NPC noch nie passiert.

In der größten Suchaktion, die der National Press Club je gesehen hat, durchwühlen die Männer des Secret Service, assistiert von deutschen Sicherheitsbeamten, statt die Mülleimer nach Bomben das bereits zusammengeräumte Service nach Schmidts Uhr. Sogar die benutzten Servietten werden wieder auseinandergerollt. Doch die Uhr bleibt verschwunden.

Als der Kanzler nach Amerika kam, hatte er schon jede Illusion über Carter verloren. Als er wieder fährt, ist auch noch seine Uhr weg. Doch das deutsch-amerikanische Verhältnis steht auch diese Krise durch.

Als Helmut Schmidt einmal …

… zum Studienberater wurde

1969. In Deutschland steht vielen, wenn das Wort »Soziologe« fällt, der Angstschweiß auf der Stirn. Wird Deutschland rot, weil junge Leute das Falsche studieren? Immerhin waren der »rote Dany« Cohn-Bendit und Feindbild Nummer eins Rudi Dutschke eingeschriebene Soziologiestudenten.

Soziologie gilt als Modestudium mit zweifelhaften Berufsaussichten, auch wenn einige wenige der Kommilitonen durchaus Interessensgebiete der Zukunft für sich identifiziert haben, die ihnen der Dschungelkrieger Che Guevara zugewiesen hat: »Die Aufgabe des Revolutionärs ist es, die Revolution zu machen.«

Helmut Schmidt, der bei Karl Schiller in Hamburg Volkswirtschaft studiert hat, nimmt sich der Sache an. Er findet, dass es Aufgabe der Studenten ist, schnell Staatsexamen und Diplom zu machen, um den Gefahren der Straße zu entgehen: »Wir haben viel zu viel

Soziologen und Politologen. Wir brauchen viel mehr Studenten, die sich für anständige Berufe entscheiden, die der Gesellschaft auch nützen.«

Dem Sozialistischen Deutschen Studentenbund (SDS) ist es egal, was einer studiert, Hauptsache er trifft. Der SDS lässt verlauten, es sei »zweifellos wichtig, Schmidt weiterhin mit Stinkbomben zu bewerfen. Aber die revolutionäre Bewegung ist inzwischen so weit vorangeschritten, dass diese Funktion nicht mehr von brotlosen Soziologen, sondern von ›anständigen Berufen‹ wie Lehrern, Medizinern und anderen Gruppen ausgeübt werden kann.«

Als Helmut Schmidt einmal …

… nach Hause kam und nach der Leiche suchte

1966. Die Zeit der WGs ist bei der Jugend noch nicht gekommen. Helmut Schmidt hingegen wohnt schon seit Jahren in einer Wohngemeinschaft.

Der beste Freund Helmut Schmidts heißt Willi Berkhan. Die beiden Sozialdemokraten kennen sich bereits seit Studienzeiten. Zusammen sitzen sie im Parlament, zusammen sitzen sie manchmal am Brahmsee, wo sie Nachbarn sind. Und zusammen sitzen sie auch in der gemeinsamen Küche: Seit 1959 teilen sie sich eine Dreizimmerwohnung in der Bonner Innenstadt, die sie beide am Wochenende verlassen, um nach Hause zu fahren.

Berkhan, der gelernte Studienrat, den Verteidigungsminister Schmidt später ins Ministerium holen wird, isst gern Problemkäse. Einmal lässt er einen Harzer Roller vor der Abreise offen liegen und die Heizung an.

Als die beiden nach Tagen gemeinsam in die Wohnung zurückkehren, fragt Schmidt: »Wo liegt die Leiche?«

Als Helmut Schmidt einmal …

… bei der Lufthansa etwas mitgehen ließ

Seine Zeit als Innensenator in Hamburg hat Schmidt berühmt gemacht. Als Bekämpfer der Sturmflut 1962 kommandierte er, ohne jede Befugnis, Bundeswehr und sogar NATO-Einheiten. Jetzt, 1967, kommandiert er als Fraktionschef nur noch die SPD-Bundestagsfraktion.

Hat Schmidt vielleicht Sehnsucht nach den alten Sturmflut-Zeiten? Es gibt einen Hinweis.

Jedenfalls könnte Menschen, die viel in der ersten Klasse der Lufthansa fliegen, an Helmut Schmidt etwas aufgefallen sein: Habe ich dieses Ding an seinem Schlips nicht neulich neben meinem Teller liegen sehen?

Helmut Schmidt benutzt in dieser Zeit gelegentlich eine Serviettenklammer der Airline mit der Aufschrift »Senator« als Krawattenhalter.

Als Helmut Schmidt einmal …

… die Zukunft voraussagte und den Atom-Öko erfand

Die Anti-Atombewegung hat Helmut Schmidt von Anfang an genervt. Die hysterischen Bürgerkinder, die gegen die AKWs von Brokdorf und Grohnde anrennen, untergraben nicht nur die Bauzäune, sondern aus Sicht Schmidts auch die Prinzipien des Rationalismus, auf denen jede Politik aufbaut.

Ja, es gebe Risiken, aber er, der Kanzler, sei nach gründlicher Abwägung der Ansicht, dass man »diese Risiken in Kauf nehmen könnte«. Außerdem steht im Godesberger Programm von 1959, »dass der Mensch im atomaren Zeitalter sein Leben erleichtern, von Sorgen befreien und Wohlstand für alle schaffen kann«. Das denkt Schmidt immer noch – was haben diese Linken eigentlich gegen Wohlstand?

Der Idee der eigenen Leute – schließlich ist die SPD die Partei des Potts –, als Atomalternative wieder verstärkt auf Kohle zu setzen, erteilt der Kanzler im Kabinett eine Absage: »Die Verbrennung jeder Art von Kohlenwasserstoff führt zu einer gefährlichen Aufheizung des Erdballs.« Schmidts Antwort: »Die Welt braucht Kernenergie.«

Vor dem SPD-Vorstand hat der Kanzler auch eine Prognose parat, wie die Zukunft aussehen könnte: »Im Jahre 2010 werden wir kein Öl mehr haben. Dann werden alle Autos mit Batterien fahren. Dazu brauchen wir Atomkraftwerke, damit wir die Batterien aus der Steckdose aufladen können.«

Erhard Eppler, der Mann mit dem Rollkragenpulli, der Schmidt mit Öko-Ideen ständig nervt, sieht im Kanzler einen Konkurrenten auf seinem Spezialgebiet, der in der SPD langsam in Mode kommenden Disziplin des »Querdenkens« heranwachsen: »Wenn ich so einen Kram erzählt hätte, würde man sagen, ich sei ein Phantast.«

Als Helmut Schmidt einmal …

… Bischöfen die Geburtenkontrolle empfahl

1979. Staatsbesuch in Brasilien. Helmut Schmidt ist nach Lateinamerika geflogen, um nicht zuletzt den linkslastigen Kirchen- und Gewerkschaftsvertretern ihre Flausen auszutreiben. Die gleichen Leute, links, christlich, nervig – Stichwort Erhard Eppler –, strapazieren ja schon in Deutschland die Geduld des Kanzlers.

Zwar regiert in Brasilien eine Militärjunta, aber der Kanzler findet trotzdem, Realismus und nicht moralische Empörung sei oberstes Gebot.

Der Metallarbeiterführer Luiz Inácio da Silva beschwert sich beim Kanzler über niedrige Löhne auch beim brasilianischen Ableger von VW. Der habe kein ökonomisches Wissen, lässt der Kanzler später verlauten, hat aber eine Idee, wie sich das ändern ließe: Er solle doch mal bei VW-Betriebsräten in Wolfsburg ein Praktikum machen.

Der Mann reüssiert dann doch noch, auch ohne Praktikum bei VW: 2002 wird Luiz Inácio da Silva, besser bekannt unter dem Nama Lula, brasilianischer Präsident.

Und als brasilianische Bischöfe über die sozialen Verhältnisse im Land klagen, empfiehlt der Kanzler, sie sollten lieber mal mithelfen, die Geburtenrate zu senken.

Die Männer in den Talaren erinnern ihn wahrscheinlich irgendwie an die eigene Parteijugend, deren Vorsitzender gerade Gerhard Schröder ist: »Wie ein Jungsozialist«, also »schrecklich naiv« seien sie alle. »So ein Bischof«, mäkelt der Weltökonom, »weiß nicht mal, was eine Milliarde ist.«

Als Helmut Schmidt einmal …

… keine Lust auf einen Platz in der Air Force One hatte

Juli 1978. Jimmy Carter kommt nach Deutschland, um seinem wichtigsten Verbündeten einen Besuch abzustatten: Es ist Weltwirtschaftsgipfel in Bonn. Die Weltwirtschaft allerdings kennt nur einen Platzhirschen: Helmut Schmidt.

Schmidt hat sich diesmal vorgenommen, Jimmy Carter nicht ganz so hart ranzunehmen wie sonst. Doch daraus wird nichts. Das liegt an zwei Regierungsjets und der Frage, wer mit was fliegt.

Der Präsident ist wie immer mit der Air Force One unterwegs, einer Boeing 707, militärische Bezeichnung VC-137C. Das Flugzeug, in dem schon JFK flog. Mit Satellitenverbindung nach Washington und allem Drum und Dran.

Das Größte, was Helmut Schmidt zur Verfügung hat, ist ebenfalls eine Boeing 707. Aber da ist nur ein

Gerät zum Empfang von Fernkopien drin, wie Faxe damals heißen. Außerdem heißt die auch nicht Air Force One, sondern »August Euler« oder »Hermann Köhl«.

Als es darum geht, mit welchem Flugzeug die beiden nach Frankfurt fliegen, wo der Präsident eine amerikanische Garnison besuchen will, weigert sich Carter, mit Schmidt in einen deutschen Luftwaffenjet zu steigen. Dabei ist sogar schon Leonid Breschnew ein paar Monate vorher gern mitgeflogen.

Carter prahlt, er brauche immer die Stand-by-Verbindung nach Washington. Falls ein Krieg ausbricht oder eine Revolte im Kongress – Schmidt verstehe schon.

Schmidt versteht vor allem, dass es nichts mehr wird mit ihm und Carter, und rächt sich.

Der Präsident bietet dem Kanzler und seinem Team jovial vier Plätze in der Air Force One für den Flug von Rhein-Main nach West-Berlin an. Er hält das für eine generöse Geste.

Jeder Regierungschef eines kleinen Landes hätte wahrscheinlich Freudentränen in den Augen gehabt. Jeder – außer Schmidt.

Carter hat Schmidts Einladung ins Privathaus nach Langenhorn ausgeschlagen und will nicht im Bundeswehrjet fliegen. Jetzt will Schmidt auch nicht in die Air Force One, Legende hin oder her. Eine Boeing 707 hat er schließlich selbst.

Der Kanzler fliegt also allein – allerdings kommt er ganz ohne Hilfe des großen Bruders nicht nach Berlin. Er steigt in eine kleinere amerikanische Maschine, denn deutsche Jets dürfen zu dieser Zeit Berlin nicht anfliegen.

Als Helmut Schmidt einmal …

… um den deutschen Schnapstrinker sorgte

Im Herbst 1981 denkt der Kanzler über Steuererhöhungen nach. Mit dem zusätzlich eingenommenen Geld sollen Jobs geschaffen werden.

Die *Bild*-Zeitung rechnet nach: Bis zu 100 Mark mehr im Monat würden die Bundesbürger für Branntwein und Sekt ausgeben müssen.

Der Kanzler rechnet auch nach: »Damit jemand auf eine Mehrbelastung von 100 DM kommt, müsste er pro Monat 131 Flaschen Korn oder Weinbrand trinken. Wenn er kein Schnapstrinker ist, sondern es auf die Sektsteuer bezieht, müsste er 153 Flaschen Sekt im Monat trinken.«

Als Helmut Schmidt einmal …

… fast eine grönländische Friedensbewegung gegründet hätte

Bonn, 10. Oktober 1981. 250 000 Menschen demonstrieren auf der größten Kundgebung nach dem Krieg gegen die Stationierung amerikanischer Mittelstreckenraketen. Es sprechen: Heinrich Böll, Petra Kelly und Uta Ranke-Heinemann. Musik kommt von den Bots, die ihre Friedensschnulze »Das weiche Wasser« vortragen.

Vor allem junge Menschen sind gegen die neuen Atomwaffen auf deutschem Boden.

Was sie nicht wissen: Helmut Schmidt, dem sie die neue Rüstungsrunde anlasten, war schon gegen die Stationierung, als ein Teil der jetzigen Demonstranten noch gar nicht geboren war: »Landgestützte Raketen gehören nach Alaska, Labrador, Grönland oder in die Wüsten Libyens und Vorderasiens, keineswegs aber in dicht besiedelte Gebiete.«

Helmut Schmidt hat diese These 1961 in seinem Buch *Verteidigung oder Vergeltung* formuliert und auch bei der Verhandlung des NATO-Doppelbeschlusses im Dezember 1979 wieder vertreten. Aber die Amerikaner waren dagegen: »Zu teuer.«

So kommt es, dass an diesem 10. Oktober 1981 junge Menschen in Bonn in den Genuss von Petra Kelly und den Bots kommen und auf Grönland die Eskimos einfach weiter fischen gehen.

Als Helmut Schmidt einmal …

… Bet-Training empfahl

»Angst« ist das Modewort der frühen Achtzigerjahre. Auf Friedensdemonstrationen schnallen Eltern ihren Kindern Pappplakate um, auf denen steht: »Ich habe Angst.« Es ist das definitive, sich jeglicher Rationalität entziehende Argument, dass alles anders werden muss. Sofort.

»Fantasie an die Macht«, skandieren sie. An der Macht ist aber Helmut Schmidt. Und der hat keine Angst.

Keine Angst vor Atomraketen und Atomkraftwerken, keine Angst vor Computern, keine Angst vor Reagan. Und er hat auch keine Angst vor der neuesten, von Psychologen diagnostizierten definitiven Angst, nämlich der »Angst vor der Angst«.

Interessanterweise tun sich beim Angsthaben besonders die Christen hervor: die marschieren auf Friedensdemos mit blauen Halstüchern vorneweg und zitieren die Bergpredigt. Schmidt-Vertrauen haben die schon lange nicht mehr. Gottvertrauen allerdings auch nicht.

Der Kanzler kennt auch den Grund: Die »Patent-Ethiker« und »Bergpredigt-Pazifisten« würden »andere mit ihrer Angst infizieren, weil sie nicht beten können«.

Beten tut Schmidt allerdings selbst selten. »Beten Sie?«, wird der Altkanzler 2011 gefragt und mit der Antwort zitiert: »Ich führe keine Selbstgespräche.«

Als Helmut Schmidt einmal …

… die Ölkrise hatte

1975. Wahlkampf in Schleswig-Holstein. Die autofreien Sonntage sind zwei Jahre her. Der Bericht des Club of Rome über die »Grenzen des Wachstums« befindet sich seit nunmehr drei Jahren in den Bücherregalen von SPD-wählenden Studienräten. Wachsen tun nur noch deren Bärte, aber nicht mehr die Prosperitätsraten. Der Kanzler muss reagieren und ein bisschen Bescheidenheit demonstrieren, ohne fatalistisch zu werden.

Bei einer Wahlkampfveranstaltung in Kiel macht Schmidt den Befreiungsschlag: Der Kanzler verkündet, nun habe auch er aus der Energiekrise gelernt. Er sei von einem Opel Commodore auf einen Opel Rekord umgestiegen. Der Commodore verbraucht schon mal fünfzehn Liter. Der Opel Rekord nur um die zwölf.

Doch die Stimmung im Saal bleibt schlecht: Schließlich ist der Benzinpreis gerade auf rekordverdächtige 84 Pfennig gestiegen.

Als Helmut Schmidt einmal …

… an der japanischen Seele scheiterte

Seit 1975 ist Japan, ein neuer Star der Weltökonomie, der die deutsche Kamera-, Uhren-, Unterhaltungs- und Motorradindustrie zermalmt hat, beim Weltwirtschaftsgipfel dabei. Dort hat seit 1974 Helmut Schmidt das Sagen. All die Andreottis und Callaghans und Gerald Fords kommen und gehen. Helmut Schmidt bleibt und führt das große Wort: Vor allem der Amerikaner Jimmy Carter muss sich vom Kanzler ökonomische Vorträge anhören, gespickt mit volkswirtschaftlichen Begriffen, von denen der Erdnussfarmer aus Georgia noch nie gehört hat. Schmidt ist der Meinung, dass er, der deutsche Kanzler, als unerschütterlicher Käpt'n Deutschland die Bundesrepublik durch »schwere Fahrwasser« hindurchgesteuert habe. Gegen den sturmerprobten Schmidt erscheinen alle anderen höchstens als Freizeitkapitäne.

Doch mit den Japanern kommt Schmidt nicht klar. Er, Schmidt-Schnauze, versteht die japanische Bescheidenheit nicht und dass Japaner mitunter das Gegenteil von dem sagen, was sie meinen.

1979 eröffnet der japanische Premier Masayoshi Ohira das Treffen sinngemäß mit den Worten: »Entschuldigen Sie, ich verstehe nicht viel von der Sache und fühle mich ihr nicht gewachsen.« Schmidt bleibt ratlos zurück. Er versteht nicht, dass Ohira sich selbstverständlich genauso kompetent fühlt wie Schmidt, anders als dieser es aber nicht jedem ständig sagt.

Beim Weltwirtschaftsgipfel in Venedig sitzt Schmidt neben einem ihm unbekannten japanischen Spitzenbeamten. Der Mann redet den ganzen Tag nicht und lächelt nur. »Halten Sie für möglich, dass er intelligent ist?«, fragt ein zermürbter Schmidt am Ende eines langen schweigsamen Tages einen anderen Teilnehmer der Sitzung.

Als Helmut Schmidt einmal …

… von Loki hoheitliche Aufgaben abgenommen wurden

1. Juli 1977. Ein deutscher Sommer. Der gleichnamige Herbst mit den RAF-Anschlägen kommt erst noch. Kanzlerfest.

Es steht unter dem Motto »Hat die Welt Töne? – 100 Jahre Edison- Grammophon«. Die Leute aus dem Kanzleramt haben Volker Kühn als Spaßvogel angeheuert. Er soll für lustige Elemente sorgen – vielleicht ahnt ja jemand, dass es bald sehr unlustig wird in Deutschland. Kühn ist Kabarettist, Regisseur, Drehbuchautor und hat mit Dieter Hildebrandt die *Notizen aus der Provinz* gemacht. Er wird später literarischer Nachlassverwalter von Wolfgang Neuss, der mit dem Spruch bekannt wurde: »Auf deutschem Boden darf nie wieder ein Joint ausgehen.«

Als Kühn mit langen Haaren vor dem Kanzleramt auftaucht, fummeln die Beamten des Bundesgrenzschutzes nervös an ihren MPis. »Jungs, entspannt euch, der Chef erwartet mich«, sagt Kühn.

Beim Kanzlerfest im Garten der Regierungszentrale lässt Kühn allerlei lustiges Gerät aufstellen, darunter eine »Witzmaschine«, die nach Geldeinwurf Kanzlerkalauer vom Tonband ausspuckt.

Eigentlich macht der Kanzler vor Beginn des Festes einen Rundgang und nimmt die Vergnügungen ab. Ehe es losgehen soll, nimmt aber Loki Schmidt Kühn beiseite: »Herr Kühn, wir machen das mal zusammen. Der Helmut hat doch so gar keinen Humor.«

Als Helmut Schmidt einmal …

… statt mit Willy und Herbert mit Raphaela, Petra und Natascha die Bühne teilen musste

Aber es kommt auf dem Kanzlerfest doch noch zum Tatbestand von Schmidt-Humor. Kühn hatte Jahre zuvor eine lustige Schallplatte herausgebracht: Auf der LP *Politparade* sind Redeschnipsel von Strauß, Kohl und Schmidt mit Pop, Boogie-Woogie und Reggae vertont worden – eine frühe Form des Sampling. Die Platte landet sogar in den Charts. Kühn schlägt vor, Schmidt solle doch zwei Songs aus der *Politparade* als Playback im Bonner Stadttheater vortragen. Wohl in Unkenntnis, was da auf ihn zukommt, sagt Schmidt zu.

Kühn: »Ich bestand auf einer intensiven Probe, die an einem späten Juniabend – Schmidt kam gerade aus Kanada gejettet – in Bonn stattfinden sollte. Dort saß man also – Parodierer und Parodierter – auf dem Ledersofa des Kanzleramts friedlich nebeneinander, hörte die starken, schmidtschnauzigen Sprüche ab. Wenig später stand der Profi mit seinen beiden *Politparade*-Nummern – vorgeführt wie geprobt – auf der Bühne des Bonner Stadttheaters, als wär's bei Heck im ZDF. Eingerahmt von drei leichtgeschürzten Go-go-Girls, feuerte er hinterm Attrappen-Mikro und zum Vollplayback sein ›persönliches Langzeit-Motto‹ ins Parkett.«

Die Go-go-Girls heißen Raphaela, Petra und Natascha. Im Parkett sitzen drei wichtige Männer. Sie heißen Bruno, Olof und Anker. Sie sind die Regierungschefs von Österreich, Schweden und Dänemark. So was haben sie noch nie gesehen.

Als Helmut Schmidt einmal …

… nicht mehr Kanzler war

1. Oktober 1982. Letzter Tag als Kanzler. Erst redet Schmidt im Bundestag. »Dem Herrn Kollegen Genscher« muss er eine unerfreuliche Nachricht überbringen: »Über viele Jahre, Herr Kollege Genscher, werden die Bürger dieses Verhalten nicht vergessen.« Dem »Herrn Dr. Kohl« hingegen hält Schmidt dessen »wahrheitswidrige Parole vom Staatsnotstand« vor.

Aber »die Bürger« vergessen »dieses Verhalten« des Kollegen Genscher quasi sofort und bestätigen 1983 Herrn Dr. Kohl als Kanzler. Genscher bleibt bis 1992 Außenminister.

Nach der Rede und seiner Abwahl als Kanzler bekommt Schmidt von Herbert Wehner einen Blumenstrauß aus roten Rosen in Klarsichtfolie. Dann fliegt ihn die Flugbereitschaft der Bundeswehr mit einer Challenger nach Hamburg-Fuhlsbüttel. Nach Hause.

Zurück muss der jetzt ehemalige Kanzler schon

Lufthansa statt Luftwaffe fliegen. Der Abgeordnete Schmidt/Hamburg ist für kommenden Montag auf LH 406 Hamburg-Düsseldorf gebucht. Er wählt Economy.

Als Helmut Schmidt einmal …

… die NZZ dem BND vorzog

Staaten brauchen Geheimdienste. Der westdeutsche Bundesnachrichtendienst ist unter den Geheimorganisationen der Welt besonders gefürchtet: für seine chronische Erfolglosigkeit. Die ostdeutsche Stasi hingegen hat sogar einen Meisterspion im Kanzleramt platziert, der Willy Brandt zu Fall brachte. Wodurch Helmut Schmidt ins Amt kam.

Zur Pflicht der Bundeskanzler gehört eigentlich das regelmäßige Anhören der Lageberichte des BND. Helmut Schmidt findet das nicht. Er bleibt den Lageberichten des BND regelmäßig fern. Als ihm vorgeschlagen wird, doch wieder einmal teilzunehmen, bricht der Kanzler in Hohngelächter über »diesen Dilettantenverein« aus.

Mit dem »Ausdruck ehrlichen Entsetzens« lässt der Kanzler vernehmen: »Da kann ich ja gleich die *Neue Zürcher Zeitung* lesen.«

Die hat noch einen weiteren Vorteil gegenüber den BND-Berichten: Sie bietet dem musischen Kanzler einen Kulturteil.

Als Helmut Schmidt einmal …

… einen Botschafter zum Mercedeshändler machte

Ostpolitik machen die Sozialdemokraten besonders gern. Schließlich haben sie damit 1972 die Wahlen gewonnen. Seitdem werden die Herren Breschnew, Honecker und Deng Xiaoping (Fernostpolitik) regelmäßig aufgesucht, um der SPD-Erfindung »Entspannung« Vorschub zu leisten: Nicht nur die verkniffenen Mienen der besuchten Greise sind Ziel der Bemühungen, sondern die Welt insgesamt. Und wahrscheinlich ist ein Besuch bei Leonid Breschnew im Kreml immer noch entspannter als eine Lagebesprechung mit Willy Brandt und Herbert Wehner in der »Baracke« geheißenen SPD-Zentrale.

Besonders wichtig ist Moskau: Was soll Helmut Schmidt sich mit Honecker treffen, wenn das, was der mit Fistelstimme von sich gibt, sowieso von Moskau aus eingeflüstert wurde – oder, wenn dem nicht so ist, es dem Kanzler egal sein kann?

Schmidt hält auch deshalb gern mit den Russen Kontakt, weil er damit Jimmy Carter eins auswischen kann, den er für total unfähig hält.

In Moskau gibt es allerdings auch einen Botschafter. Er heißt 1978 Hans-Georg Wieck. Seine Existenz als Exzellenz dort ist – neben seinen unbestrittenen Verdiensten – wohl der Tatsache zu verdanken, dass es auf der Welt nun mal Botschafter geben muss, sonst wären die Sektempfänge leer.

Wenn es wichtig wird, kommt Schmidt selber angereist oder greift zum Telefon.

Auf die Frage, was ein Botschafter in Moskau selbstständig tun könne, antwortet Schmidt: »Nichts.«

Wieck findet dann doch noch ein Betätigungsfeld: 80 Prozent der in Moskau akkreditierten Botschafter fahren Mercedes. Oft wird der deutsche Gesandte angehauen, ob er nicht Ersatzteile besorgen könne.

Als Helmut Schmidt einmal …

… erst die Hippie-Bundeswehr einführte und dann doch die Truppe zum Friseur schickte

Früher war in Deutschland der Krieg der Ernstfall. Doch seit sich Deutschland aus dem Welteroberungsbusiness zurückgezogen hat, ist der Frieden der Ernstfall, wie die Bundeswehrführung unermüdlich verkündet, damit die Truppe beim Knobelbecherputzen nicht einschläft.

Im November 1971 ist mal wieder Ernstfall: Auch die jungen Menschen in der Bundeswehr lassen sich die Matten wachsen – lange Haare, jahrelang als Modestatement von »Gammlern« und »Hippies« verschrien, sind längst allgemeine Mode und damit auch bei der Bundeswehr angekommen.

Helmut Schmidt muss sich mit dem Thema des militärischen Haarschnitts befassen. Während altgediente Generäle ein Langhaarverbot befürworten, schlägt Schmidt moderate Töne an: Er erlässt eine Verfügung über die »Haar- und Barttracht« in der Bundeswehr. So wie Panzer unters Tarnnetz, so müssen lange Haare beim Bund – als »German Hair Force« verspottet – unters Haarnetz.

Schmidt zu den hippiephoben Kommandeuren: »Wenn Sie weiter für kurze Haare sind, werde ich Ihnen die Haarlänge der alten Generale und Marschälle mitteilen.«

Doch die Truppe gibt keine Ruhe. Eine Kommission stellt Ekliges fest – der Bund ist mit langen Haaren noch weniger kampfbereit als sowieso schon: »Das Auftreten von Hauterkrankungen, insbesondere Infektionen und Parasitenbefall« werde begünstigt, Akne-Pusteln der Soldaten würden »beim Tragen von Bärten und langen Haaren besser verbreitet werden«.

Die Bundeswehr – ein Krankheitsherd?

So kommt es, dass Schmidt seinen Haarnetzerlass wieder zurücknehmen muss. Neue Vorgabe: Die Haare der Landser dürfen nicht über den Kragen, nicht über die Augen und nicht über die Ohren reichen.

Ein Soldat mit Matte kommt über den Haarschneidebefehl nicht hinweg: »Ich wollte sterben, als ich das hörte.«

Die Frisuren *waren* der Ernstfall, in Deutschland 1972.

Als Helmut Schmidt einmal …

… schon um 21.41 Uhr nach Hause kam

Wenn der Kanzler nach Hause kommt, verrät Loki im Juni 1975 der Presse, geht er erst an den Kühlschrank und isst eine große Packung Eis. Dann wird Schach und danach noch mehrere Runden Tischtennis gespielt. Doch es ist der 1. Oktober 1982 – der Kanzler heißt ab heute Kohl. »Herr Doktor Kohl«, wie Schmidt den Mann aus der Pfalz mit größtmöglicher Verachtung anredet.

Schmidt kommt diesmal nicht wie üblich um Mitternacht nach Hause, sondern erscheint Punkt 21.41 Uhr. Und zwar in Hamburg-Langenhorn, Neuberger Weg, statt in Bonn vorm Kanzlerbungalow – da hat er noch drei Monate Kündigungsfrist.

Loki ist nicht da. Die ist in Brasilien.

Dafür sind neben den Sicherheitsbeamten einige Nachbarn und Schmidt-Fans da. »Ich habe den ganzen Tag vor dem Fernseher gesessen«, erzählt Nachbarin Astrid Wucke, die eine Nelke mit dabeihat. »Ich hab ihn zwar nicht gewählt, aber er tut mir leid.«

So geht es ganz Deutschland. Man spricht vom »Schmidtleidseffekt«. Die Stimmung ist ungefähr so: Deutschland ohne Schmidt – irgendwie geht das vielleicht. Aber dass Deutschland deshalb automatisch von Kohl regiert wird – warum hat man uns das vorher nicht gesagt?

Das nennt man zwar »konstruktives Misstrauensvotum«, aber als sehr konstruktiv sehen das die meisten Deutschen nicht, wenn das Ergebnis der Dicke aus der Pfalz ist.

Das letzte Mal, als ein sozialdemokratischer Kanzler ging, weinte Egon Bahr über den Rücktritt Willy Brandts. Deutschland verlor einen Messias. Später gab es sogar eine Oper über Willy.

Heute, hier in Langenhorn, gibt es Gemüsesaft.

»Ich will mich bedanken für die Arbeit, die er für uns gemacht hat«, sagt ein vierundzwanzigjähriger Student. Er überreicht dem Kanzler eine Flasche Tomatensaft für 1,99 Mark. »Bitte, Herr Schmidt, zur Erfrischung.«

»Das ist ja fabelhaft«, sagt Schmidt und geht ins Haus.

Als Helmut Schmidt einmal …

… Hamburg zur heimlichen Hauptstadt machte

1985. Die deutsche Hauptstadt heißt Bonn – für viele ein Irrtum der Geschichte. Die alte Hauptstadt Berlin ist geteilt, ist Preußens Grab und wird im subventionierten Westteil vor allem von jungen Menschen bevölkert, die Helmut Schmidt einmal als »halbfertige Akademiker« bezeichnet hat. Und dann gibt es noch die »heimliche Hauptstadt« München, die das Hamburger Magazin *Der Spiegel* schon in den Sechzigerjahren als solche ausgerufen hat.

Und Hamburg? Man kann sagen, dass die Hansestadt 1985 nicht gerade die beste Phase durchmacht. »Meine schlafende Schöne« nennt sie Helmut Schmidt. »Langweilig« sagen alle anderen dazu, die das Aufregende an Pöseldorf immer noch nicht verstanden haben.

Doch Hamburgs Versinken in Langeweile und Ödnis wird gerade noch abgewendet. Denn da ist ein

Mann vor: Helmut Schmidt. Er bringt ein bisschen Glanz in die Bude. Die Bude steht in Hamburg-Langenhorn, und der Glanz färbt auf die ganze Stadt ab, die wenigstens tageweise zur heimlichen Hauptstadt wird. Und das geht so:

29. August 1985. Helmut Schmidt steht am Hamburger Flughafen Fuhlsbüttel, dessen Empfangsgebäude an die Architektur einer Badeanstalt erinnert.

»Hi, Jerry, wie geht's?«

Jerry ist gerade aus der PanAm-747 »Clipper Ocean Herald« geklettert. »Jerry« ist Schmidts Lieblingspolitiker Gerald Ford, der nach Hamburg gekommen ist und drei Tage bei den Schmidts im Reihenhaus wohnt. Eine Art Superstaatsmann-WG auf Zeit. Betreutes Wohnen: Allein achtzehn Secret-Service-Männer sind mit von der Partie.

»Wonderful to see you«, erwidert Ford und steigt mit Schmidt in einen der drei gepanzerten Mercedes mit dem Kennzeichen HH-XW 648. Die aus neun Fahrzeugen bestehende Kolonne rast zum Schmidt-Reihenhaus in Langenhorn.

Endlich ist Hamburg mal Nabel statt nur das Tor zur Welt: So kannte man das aus den Zeiten, als Schmidt noch Kanzler war.

Abends wird bei Schmidts gegessen und die Weltlage besprochen. Es gibt Blankeneser Rauchsalat (frisch geräucherter Aal, Lachs, Makrele, Steinbeißer), klare

Rinderkraftbrühe mit Hackklößchen, Roastbeef warm und zum Nachtisch Hamburger Rote Grütze.

Für ein paar Stunden blitzt bei Beobachtern der Gedanke auf, wie die Welt wohl aussähe, wenn Jerry noch Präsident und Helmut noch Kanzler wäre. »Besser«, würden die meisten nach zwei Jahren Kohl sagen. Der amtierende Kanzler hat gerade den amerikanischen Präsidenten Reagan genötigt, einen zweifelhaften Friedhof in Bitburg zu besuchen.

In Hamburg jedenfalls ist der Spuk nach drei Tagen vorbei. Die Staatsmann-WG wird aufgelöst. Deutschlands Hauptstadt heißt erneut Bonn statt Langenhorn, als heimliche Hauptstadt wird wieder München eingesetzt.

Und Kanzler ist wieder und noch sehr, sehr lange Dr. Helmut Kohl.

Als Helmut Schmidt einmal …

… New York rettete

Sozialdemokraten sind nicht selten verkappte Anti-Amerikaner: Egon Bahr ist sowjetophil, und auch Herbert Wehner fährt lieber nach Moskau. Willy Brandt hat sich zwar zur Bundestagswahl 1961 als deutscher Kennedy inszenieren lassen, doch das passt gar nicht zu dem melancholischen Mann, der Beklemmungen kriegt, wenn er mal locker in JFK-Manier mit seinem Sohn rumtollen soll.

Anders Helmut Schmidt. Der Kanzler ist der überzeugteste Amerikaner außerhalb der Vereinigten Staaten. Und innerhalb der USA kann er es wohl auch mit fast allen aufnehmen.

In der Luftwaffen-Boeing auf dem Weg nach Washington lässt er schon mal einen amerikanischen Journalisten zu sich kommen, um kundzutun, dass er mehr Kongressabgeordnete, Senatoren, Wirtschafts- und Gewerkschaftsbosse kenne als dieser und wahrscheinlich jeder andere lebende Amerikaner. Und überhaupt: »Ich bin vierzig- oder einundvierzigmal in den Vereinigten Staaten gewesen«, sagt Schmidt und fügt – an einen Berater gewendet – hinzu: »Prüfen Sie das mal nach.«

1975 rettet der Kanzler sogar New York. Die Stadt am Hudson gilt als unregierbarer Moloch und steht kurz vor der Pleite. Schmidt muss ran.

Auf dem ersten Weltwirtschaftsgipfel in Frankreich nimmt er seinen Freund Gerald »Jerry« Ford zur Seite: Die amerikanische Bundesregierung müsse New York City dringend unter die Arme greifen. Denn der Untergang von NYC wäre eine Katastrophe: »Das würde eine globale Dollarkrise hervorrufen.« Und damit die bundesdeutsche Musterwirtschaft mit in den Strudel reißen. Jerry willigt ein. New York ist gerettet.

Seitdem, berichten Schmidt-Helfer, betrachte sich der Kanzler nicht nur als Retter Hamburgs vor der Sturmflut, sondern auch als Retter New Yorks. Und damit irgendwie der ganzen dollarabhängigen Welt.

Als Helmut Schmidt einmal …

… in einen Hosenzwischenfall in Washington verwickelt wurde

Am 14. Juli 1977 gibt der deutsche Botschafter anlässlich des Kanzlerbesuches ein Diner in seinem Amtssitz in Washington. Serviert werden Artischocken, gefüllt mit Hummer. Walter Mondale, der Vizepräsident der Vereinigten Staaten, ist mit seiner Tochter Eleanor da, Helmut Schmidt ist mit Loki da. Die Damen tragen Abendkleid, die Herren Smoking.

Eleanor Mondale, 17, ist begeistert von den Deutschen und ihrer Residenz: »Sie haben Leute hier, die einem beim Hinsetzen den Stuhl zurechtrücken. Anders als im Weißen Haus.« Da war sie am Abend vorher.

Als alle sitzen, schleicht sich Eleanor zu ihrem Vater am Kopf des Tisches: »Papa, deine Hosen sind zu kurz. Ich bin schockiert.«

Das ruft auch Schmidt auf den Plan, der neben Mondale sitzt: »Könnte jemand denken, meine Hosen sind auch zu kurz?«, fragt der Kanzler die Mondale-Tochter.

»Nein, Ihre Hosen sind in Ordnung.«

Die bittere Wahrheit in der Hosenaffäre sieht anders aus. Ina Ginsburg, Muse Andy Warhols und Societydame ersten Ranges, spricht sie aus: »Mondales Hosen enden in Knöchellänge. Schmidts Hosen bedecken die Schuhspitze.« Schmidt trägt zu lang. Viel zu lang.

Am nächsten Tag zieht die Hosenaffäre Kreise. Washington spricht nicht von gefüllten Artischocken und Weltniveau samt Stühlerückern in der deutschen Botschaft – die falschen Beinkleid-Längen sind das Thema.

Die *Washington Post* findet, es steht in Sachen Hosen eins zu eins. Zwar sei das ewige Zeichen amerikanischer Stilunsicherheit die zu kurze Hose – aber die deutschen Langhosenträger seien auch nicht besser: »Fritz, sag Uncle Sam nie wieder, seine Hosen seien zu kurz.«

Als Helmut Schmidt einmal …

… an der Orgel fantasierte und Loki einen Schwur sprach

Wahlkampf 1976. »Freiheit statt Sozialismus« plakatiert die CDU. »Modell Deutschland« lässt die SPD kleben.

Der Kanzler macht in Passau Station.

Passau ist erzkatholisch. Strauß-Country. Ein preußischer Hanseat hat hier nicht viel zu lachen. Anti-Schmidt-Stimmung in der CSU-Hochburg.

Helmut Schmidt gilt als Melancholiker. Später wird man seine Stimmungsschwankungen auf eine Überfunktion der Schilddrüse zurückführen – aber ist es nicht normal, dass ein musischer Mann in Hallen mit grölenden Anhängern verzweifelt?

Gegen Mitternacht lässt sich der Kanzler zum Dom fahren. Statt immer nur SPD-Anhänger und Sozi-Hasser in Loden will er nun am Ende des Tages auch mal etwas Schönes sehen: die größte Orgel Europas.

Als der gepanzerte Mercedes vorfährt, wird er vom Domorganisten Walter Schuster auf der Orgel mit einem Stück von Max Reger begrüßt. Der Kanzler selbst setzt sich nur kurz an das Instrument und fantasiert ein kleines Stück. Dann ist wieder Walter Schuster dran, der einen Choral aus dem 17. Jahrhundert schmettert:

> »Wer nur den lieben Gott lässt walten
> und hoffet auf ihn allezeit,
> den wird er wunderbar erhalten
> in aller Not und Traurigkeit.«

Als Walter Schuster geendet hat, sagt Loki Schmidt: »Daran wollen wir uns auch halten.«

Als Helmut Schmidt einmal …

… aus der atomwaffenfreien Zone abtrat und Gnade walten ließ

Dezember 1985, Schule Bonhoefferstraße, Hamburg-Billstedt. Helmut Schmidt sitzt in der Pausenhalle und beglückwünscht Dr. Rolf Niese zu Großem: Der studierte Pädagoge wird Wahlkreiskandidat Hamburg-Bergedorf, den bisher Helmut Schmidt in Bonn vertrat. Zuletzt, bei den Wahlen am 6. März 1983, fuhr der Altkanzler ein Ergebnis von 55 Prozent ein.

Schmidts Interesse für Dr. Niese ist wahrscheinlich ebenso gering wie das für all die anderen studierten Lehrer in der Oberstudienratspartei SPD, die, seit er weg ist, seltsame Dinge tun. Zum Beispiel diskutieren, ob Hamburg zur atomwaffenfreien Zone erklärt werden soll, obwohl in der Hansestadt keine einzige Pershing steht. Nicht mal im Garten von Helmut Schmidt.

Der Altkanzler spielt lieber Klavier mit Justus Frantz, empfängt Gäste aus aller Welt in seinem Reihenhaus und nimmt die Ehrendoktorwürde der Freien und Hansestadt Hamburg entgegen, statt sich mit verrückten Sozis rumzuschlagen, die seine sozialdemokratische Partei zu einem Hort des Irrationalismus gemacht haben.

Sein Abtritt ist aus Sicht Schmidts eine Riesenchance für Kohl, Genscher und die Nachwuchskräfte der eigenen Partei, wie Jochen Vogel. Nein, deren einzige Chance. Er, Schmidt, trete ab, damit die nicht ganz im Bundestag untergehen, denn solange ein Schmidt da sei, würde sich keiner für sie interessieren. Schmidt richtet deshalb einen Appell an Schmidt: »Er sollte den heutigen Führern von Fraktion und Partei nicht die Publizität wegnehmen.«

Als Helmut Schmidt einmal …

… Billy statt Willy aufbaute

Im Leben eines jeden Sozialdemokraten hat der Name Willy eine große Bedeutung. Auch für Helmut Schmidt. 1974, während der Guillaume-Affäre, wollte er zunächst, dass Brandt im Amt bleibt. Er versuchte den Kanzler aufzubauen.

Jetzt, im Spätsommer 1982 und im Spätherbst der sozialliberalen Koalition, wendet sich Schmidts Aufmerksamkeit von Willy ab und Billy zu. Jetzt will er Billy aufbauen, das Regal.

Schon länger heißt es, Schmidt würde sein Arbeitszimmer daheim in Langenhorn ausbauen. Er geht wohl selber davon aus, dass er bald aus dem Kanzlerbungalow ausziehen muss.

Mitte August. Ein Verkäufer von Ikea in Kaltenkirchen bei Hamburg sagt zu seiner Kollegin: »Das ist doch der Helmut.«

»Welcher Helmut?«, antwortet die Kollegin.

»Na, der Bundeskanzler.«

In der Tat: Helmut Schmidt steht mit Loki bei Ikea in der Büroabteilung.

Obwohl man sich bei Ikea genauso wie bei der Sozialdemokratischen Partei Deutschlands zu duzen pflegt, wird's nun doch offiziöser: Es kommt ja nicht so häufig vor, dass ein Bundeskanzler zwischen Pressspantisch »Lack«, Sessel »Poäng« und Sofa »Klippan« auftaucht.

Die Chefs müssen her: Göran Olsson und Peter Ehrenreich übernehmen persönlich die Beratung des Regierungschefs.

Am Ende verlässt Schmidt mit acht Billy-Regalen, Kiefer furniert, weiß, fünf breiten und drei schmaleren, das Möbelhaus.

Die Entscheidung für den Innenausbau in Langenhorn erweist sich als vorausschauend: Knapp zwei Monate später ist Helmut Schmidt nicht mehr Kanzler. Seitdem regiert er die Welt einfach aus seinem Arbeitszimmer vor den Billy-Regalen sitzend weiter.

Als Helmut Schmidt einmal …

… Kaffee ausschenkte

19. November 1989. Willy Brandt erlebt seinen dritten Frühling. Er ist der Star der Wende, überall wo er hinkommt, jubeln ihm DDR-Bürger zu. Für sie ist er das Gesicht der Ostpolitik. Brandt philosophiert über die »Winde des Wechsels« und ist natürlich in Berlin. So wie alle, die Weltpolitik erleben wollen.

Aber auch in Hamburg, das eher im Windschatten der Ereignisse liegt, stinkt es nach Trabi. Die Hamburger SPD sorgt sich um die klammen Ossis, die das Begrüßungsgeld noch nicht oder schon nicht mehr haben.

Vor der Parteizentrale in der Kurt-Schumacher-Allee 10 wird ein Tisch aufgebaut und Kaffee für lau ausgeschenkt. Die Trabi-Reisenden stoßen, statt wie in Berlin auf den Weltpolitiker Willy Brandt, hier im Norden auf die Hamburger SPD-Parteigrößen Traute Müller, Günter Elste und Helmuth Frahm an, die nicht ganz so bekannt sind. Der vierte Mann an der Kaffeefront sorgt für Entschädigung: Er trägt eine Mütze, ist bestens gelaunt und schenkt ebenfalls unermüdlich West-Kaffee aus – es ist Helmut Schmidt. Vielleicht will er sich ja revanchieren: 1981, beim Besuch in Güstrow, hatte ihm Erich Honecker ein Bonbon geschenkt.

Als Helmut Schmidt einmal …

… in Israel für seinen Großvater gelobt wurde

Zu den Staatsmännern seiner Amtszeit, die Helmut Schmidt nicht ausstehen kann, gehört der israelische Premier Menachem Begin. Schmidt möchte zwar in guter sozialdemokratischer Entspannungsmanier mit allen gut Freund sein. Bei der Verbesserung der Beziehungen zu den arabischen Ländern hilft dann aber auch noch erheblich, dass bei denen etwas im Boden liegt, das in Barrel gemessen wird. Das kann Israel nicht bieten.

Schmidt will den Saudis Leopard-2-Panzer verkaufen – für die Israelis hat er vor allem seinen gefürchteten Schmidt-Exportschlager im Gepäck, mit dem er schon Jimmy Carter zermürbt hat: Belehrung.

Gerade als Angehöriger der geteilten deutschen Nation, die ja wohl ein Recht auf Selbstbestimmung habe, müsse man den Palästinensern dasselbe Recht zugestehen, verkündet Schmidt Richtung Israel.

Menachem Begin findet das gerade nicht und lässt verlauten: »Es ist nackte Arroganz und Frechheit, meiner Generation, der Generation der Vernichtung und der jüdischen Wiedergeburt, zu sagen, dass Deutschland eine Schuld gegenüber den Arabern hat.«

Daraufhin weigert sich Schmidt beharrlich, zum Staatsbesuch nach Israel zu reisen.

Loki hingegen hat keine Probleme mit Israel – schließlich hat sie in Jerusalem den »Europäischen Pflanzengarten« angelegt.

1985 kommt Schmidt doch ins Heilige Land – als Privatmann. »Ich bin ein privater Bürger, der etwas für seine politische Erziehung tut«, sagt Schmidt, um dann doch gleich zur ökonomischen Erziehung der anderen überzugehen. Bei einem Abendessen doziert er ausführlich über die schlechte Wirtschaftslage in Israel – und erntet Lob.

Gerade ist herausgekommen, dass Schmidt einen jüdischen Großvater hatte. Und weil man dort Humor besitzt, witzelt man in Israel über Schmidt: »Jetzt ist wenigstens klar, woher er seine Intelligenz hat.«

Als Helmut Schmidt einmal …

… mit Ronny so weitermachen wollte, wie er mit Jerry und Jimmy aufgehört hatte

Helmut Schmidt ist es gewohnt, amerikanischen Präsidenten umfangreiche Vorträge über ordentliche Wirtschaftspolitik zu halten. Deren Probleme – Inflation, explodierende Staatsschulden, Außenhandelsdefizit, horrender Energieverbrauch – gibt's in Deutschland nicht. Denn Germany ist Schmidt-Country. Und da wird ordentliches »Crisis Management« betrieben, und zwar von »Schmidt the lip« persönlich.

Aber der Kanzler ist immer gern bereit zu erklären, wie's gemacht wird. Man muss halt Zeit mitbringen.

So hat er es mit seinem Freund Gerald »Jerry« Ford gehalten und erst recht mit Jimmy Carter, den Schmidt nicht nur für einen Laienprediger, sondern auch für einen Laienpolitiker hält.

Im November 1980 sitzt Schmidt ein neuer Mann gegenüber. Schmidt will mit Ronald Reagan einfach so weitermachen, wie er es liebt: Schmidt redet, Präsident hört zu.

Reagan ist noch gar nicht im Amt, sondern gewählter Präsident (»President-elect«), eigentlich regiert Carter noch. In dieser Zwischenphase empfängt der Neue normalerweise keine ausländischen Gäste. Doch Schmidt drängt.

Reagan willigt schließlich ein, Schmidt für ein verlängertes Händeschütteln zu treffen.

Zehn Minuten vergehen, zwanzig, die halbe Stunde ist voll.

Reagan denkt wahrscheinlich: Was will der von mir?

Nach fünfzig Minuten redet Schmidt noch immer auf Reagan ein, der zunehmend nervös wird, ab und zu nickt und Höflichkeitsfloskeln von sich gibt.

Zurück in Deutschland, ergreift Schmidt im Bundestag das Wort. Tenor: Mit dem neuen Mann hat er, Schmidt, speziell was die Rüstungskontrolle angeht, alles klargemacht.

Aus dem Reagan-Lager verlautet nur, die Rede »ginge ein bisschen weiter, als es der Inhalt des Gesprächs mit Reagan hergebe«.

Kurz danach, als Präsident, startet Reagan ein Aufrüstungsprogramm.

Als Helmut Schmidt einmal …

… einen Friseur suchte und in einem Rockabilly-Laden landete

Hamburg ist Helmut-Schmidt-Stadt. Und eine Rockabilly-Hochburg. Rockabilly ist eine rohe Spielart des frühen Rock'n'Roll mit Country-Elementen. Manchmal finden beide, Rockabilly und Helmut Schmidt, zusammen. Und zwar exakt im Laden von Friseur Marcus Jürs.

Jürs hat tätowierte Arme und führt einen Friseursalon mit Bildern von Johnny Cash an der Wand. Hier holen sich die harten Rockabilly-Jungs ihre ausrasierten Nacken und ihre Tolle. Im Laden läuft Rock'n'Roll. Als Pappfigur ist der King immer anwesend.

Und alle vier Wochen kommt auch der Kanzler. Wenn mal wieder ein Maischberger-Interview oder sonstige Fernsehtermine anstehen, auch außer der Reihe, meistens in der Mittagspause. Das *Zeit*-Verlagsgebäude liegt in der Nähe.

Der Salon wurde 2004 eröffnet. Kurz danach kam Schmidt zum ersten Mal.

»Er setzt sich hin, raucht, liest Zeitung und erwartet, dass ich in zwanzig Minuten fertig bin«, sagt Jürs.

Der Laden kann noch so voll sein, wenn Schmidt kommt, herrscht Ruhe. Die harten Jungs, die eigentlich dran wären, lassen den Kanzler vor. »Nehmen Sie erst einmal Herrn Schmidt dran, wir warten.«

Schmidt lässt sich dann einen Fassonschnitt machen. Langes Deckhaar, kurze Konturen. Er kostet 15 Euro.

Als Helmut Schmidt einmal …

… Max Frisch mit nach China nahm, weil er so erholsam ist

China-Reise 1976. Mit im Regierungsflugzeug sitzt der Schweizer Schriftsteller Max Frisch und fragt sich, was er da eigentlich tut: »Warum ich eingeladen worden bin, ist nie ausdrücklich gesagt worden.«

Schmidt hat ihn gebeten, ihn auf dem Staatsbesuch zu begleiten, jedoch kaum mehr als zwei Worte mit ihm geredet.

1977 wird Max Frisch auch auf einem SPD-Parteitag sprechen. Vielleicht hat Schmidt einfach keine Lust mehr, den Sozis mal wieder selbst den Unterschied zwischen Rationalist und Technokrat, also zwischen ihm, Schmidt, und seinem Zerrbild, beizubiegen.

Frisch teilt mit Schmidt diese Abneigung gegen überbordende Utopien, wie sie bei der SPD-Linken immer noch zu Hause sind.

Jetzt, über dem Ararat-Gebirge in der Regierungs-Boeing auf der Rückreise von China, resümiert Frisch den Trip und meint, die Frage beantworten zu können, warum er dabei sein darf.

Vor dem China-Besuch hatte Schmidt seinen Reisegefährten Frisch ins Kanzleramt gebeten. Es war die erste Begegnung des Schriftstellers mit dem Kanzler.

Frisch: »Irgendetwas in jener Unterhaltung (35 Minuten) scheint für den Bundeskanzler erholsam gewesen zu sein; die Naivität meiner Fragen vermutlich.«

Womit klar wäre, was Max Frisch dem amerikanischen Präsidenten Jimmy Carter voraus hat: Dessen Naivität hat Helmut Schmidt nie als erholsam empfunden.

Quellennachweis

Seite 8
Der Spiegel: »Personalien«, Nr. 25/1978 v. 19.6.1978, S. 194

Seite 10
Der Spiegel: »Personalien«, Nr. 41/1978 v. 9.10.1978, S. 280

Seite 12
Der Spiegel: »›Was befähigt Sie zum Kanzler?‹ 38 Fragen des *Spiegel* an Kanzler Helmut Schmidt und Kandidat Franz Josef Strauß«, Nr. 40/1980 v. 29.8.1980, S. 24-60

Seite 14
Helmut Schmidt: »Plädoyer für einen fernsehfreien Tag. Ein Anstoß für mehr Miteinander in unserer Gesellschaft«, in: *Die Zeit*, Nr. 22/1978 v. 26.5.1978

Seite 17
Der Spiegel: »Wach an Allerseelen«, Nr. 46/1971 v. 8.11.1971, S. 100f.
Die Zeit (Th.S.): »Auto-mobil«, Nr. 45/1971 v. 5.11.1971

Seite 19
Der Spiegel: »Kanzler im Kasten«, Nr. 11/1982 v. 15.3.1982, S. 246

Seite 21
Politparade. Musik aus Studio Bonn (Schallplatte, CBS 1972), Bear Family Records, neu aufgelegt als 4-CD-Box, 2000

Seite 24
Politparade. Musik aus Studio Bonn (Schallplatte, CBS 1972), Bear Family Records, neu aufgelegt als 4-CD-Box, 2000

Seite 26
»Drei mal Neun«, Eintrag bei Wikipedia; http://de.wikipedia.org/wiki/Drei_mal_Neun, aufgerufen am 2.9.2012
Die Zeit: »Er brachte Scheel zum Sieg«, Nr. 49/1975 v. 28.11.1975

Seite 28
Der Spiegel: »Späte Einsicht«, Nr. 47/1978 v. 20.11.1978, S. 65f.

Seite 30
Der Spiegel: »Panorama«, Nr. 51/1969 v. 15.12.1969, S. 22

Seite 31
Der Spiegel: »Truppe verschaukelt«, Nr. 51/1969 v. 15.12.1969, S. 84

Seite 33
Der Spiegel: »›Es wird ein böses Erwachen geben‹«, Nr. 6/1981 v. 2.2.1981, S. 28-32
Hans Schueler: »Vertuschte Wahrheit«, in: *Die Zeit,* Nr. 11/1982 v. 12.3.1982

Seite 35
SPD-Parteitag, Hamburg, 15. – 19.11.1977: »Protokoll der Verhandlungen«, Bonn 1977
Der Spiegel: »Personalien«, Nr. 48/1977 v. 21.11.1977, S. 264

Seite 37
Der Spiegel: »Mit Keks und Suppe«, Nr. 32/1979 v. 6.8.1979, S. 82
Carl-Christian Kaiser: »Nun läuft die Politik im Schongang«, in: *Die Zeit,* Nr. 33/1979 v. 10.8.1979

Seite 39
Der Spiegel: »Mit Keks und Suppe«, Nr. 32/1979 v. 6.8.1979, S. 82

Seite 40
Der Spiegel: »Zwischenfall am Tresen«, Nr. 3/1979 v. 15.1.1979, S. 31

Seite 42
Helmut Schmidt: »Thesenpapier für den SPD-Parteivorstand im Frühjahr 1974«, in: Helmut Schmidt: *Kontinuität und Konzentration. Reden,* Bonn 1976

Seite 44
Oliver Frommel: »Starbuck gegen den Leviathan?«, in: Telepolis, 4.6.2002; http://www.heise.de/tp/artikel/12/12660/1.html, aufgerufen am 3.9.2012

Seite 46
Die Zeit: »Beim Kanzler sitzt der liebe Gott im Detail«, Nr. 45/1975 v. 31.10.1975

Seite 47
Die Zeit: »Beim Kanzler sitzt der liebe Gott im Detail«, Nr. 45/1975 v. 31.10.1975
Adalbert Siniawski: »Der Kanzlerbungalow«, Feature im Rahmen der Sendereihe *Sonntagsspaziergang,* Deutschlandfunk, 1.8.2010; http://www.dradio.de/dlf/sendungen/sonntagsspaziergang/1236964/, aufgerufen am 3.9.2012

Seite 49
Die Zeit: »Beim Kanzler sitzt der liebe Gott im Detail«, Nr. 45/1975 v. 31.10.1975

Seite 51
Der Spiegel: »Ein Admiral fuhr Straßenbahn«, Nr. 26/1959 v. 24.6.1959, S.19

Seite 53
Helmut Schmidt: »Er war ein Gegner, nicht ein Feind«, in: *Die Zeit*, Nr. 41/1972 v. 13.10.1972
Die Zeit: »Worte von Helmut Schmidt«, Nr. 44/1982 v. 29.10.1982

Seite 55
Der Spiegel: »Im Kasinoton«, Nr. 53/1969
v. 29.12.1969, S. 33f.

Seite 57
Washington Post: »Chancellor's Watch Vanishes«,
15.7.1977, S. A2

Seite 59
Der Spiegel: »Mit dem Latein am Ende«, Nr. 34/1969
v. 18.8.1969, S. 88-105

Seite 61
Der Spiegel: »Personalien«, Nr. 46/1969 v. 7.11.1966,
S. 192

Seite 63
Der Spiegel: »Roter Lack«, Nr. 50/1967 v. 4.12.1967,
S. 34-49

Seite 64
Der Spiegel: »Kernenergie: Der Kanzler geht aufs
Ganze«, Nr. 25/1979 v. 18.6.1979, S. 19-23

Seite 66
Der Spiegel: »Große Luftblasen«, Nr. 16/1979
v. 16.4.1979, S. 23f.

Seite 68
Terence Smith: »Carter Addresses a ›Town Hall Meeting‹ of West-Berliners«, in: *New York Times,* 16.7.1978, S. 1

Seite 71
Die Zeit: »›Und bitte, malt nicht schwarz‹«, Nr. 41/1981 v. 2.10.1981

Seite 72
Hermann Scheer: »›Landgestützte Raketen gehören nach Alaska.‹ Nato-Doppelbeschluss: Ein Plädoyer für die Stationierung der Systeme auf See«, in: *Die Zeit,* Nr. 23/1981 v. 29.5.1981
Die Zeit: »›Alle Gruppen müssen ran.‹ Gespräch mit Bundeskanzler Helmut Schmidt«, Nr. 25/1981 v. 12.6.1981

Seite 74
Dietrich Strothmann: »Ist in der Kirche der Teufel los? Das Hamburger Laientreffen: Warum Protestanten protestieren«, in: *Die Zeit,* Nr. 26/1981 v. 19.6.1981
Alphalive News, Nr. 37, Sommer 2011; http://www.alphalive.ch/kontakt/ressourcen/alphalive-zeitung.html, aufgerufen am 3.9.2012

Seite 76
Opel-Presseinformation, hrsg. Adam Opel AG, 23.3.1976: »Bundeskanzler Schmidt in Rüsselsheimer Opelwerk«
Rainer Burchardt: »›Das ist nicht unser Bier.‹ Bundeskanzler Helmut Schmidt sprach mit Husumer Krabbenfischern«, in: *Die Zeit,* Nr. 15/1975 v. 4.4.1975
»Benzinpreisentwicklung 1920 bis 2010«, http://www.was-war-wann.de/historische_werte/benzinpreise.html, aufgerufen am 3.9.2012

Seite 77
Nina Grunenberg: »Drei Herzen und viele Gesichter. Ein Volk im Stress: Warum uns Japan fremd bleiben wird«, in: *Die Zeit,* Nr. 16/1981 v. 10.4.1981

Seite 79
Volker Kühn, Gespräch am 18.8.2012

Seite 81
Politparade. Musik aus Studio Bonn (Schallplatte, CBS 1972), Bear Family Records, neu aufgelegt als 4-CD-Box, 2000

Seite 83
Klaus Bölling: *Die letzten 30 Tage des Kanzlers Helmut Schmidt. Ein Tagebuch,* Reinbek 1982, S. 117

Seite 85
Der Spiegel: »›Dieser Dilettantenverein‹«, Nr. 12/1984 v. 19.3.1984, S. 38-52

Seite 87
Nina Grunenberg: »Die Exzellenzen der Republik«, in: *Die Zeit,* Nr. 14/1978 v. 31.3.1978

Seite 89
Der Spiegel: »Weinend auf Stube«, Nr. 22/1972 v. 22.5.1972, S. 79f.
Hamburger Abendblatt: »Orden für den ›Erfinder der German Hair Force‹«, 16.11.1971, S. 3

Seite 91
Hamburger Abendblatt: »21.41 Uhr. Ein Mann kam nach Hause«, 2.10.1982, S. 3

Seite 93
Hamburger Abendblatt: »Hi, Jerry! Wie geht's?«, 30.8.1985, S. 3

Seite 96
David Binder: »Schmidt Fears Effects of City Crisis«, in: *New York Times,* 5.10.1975, S. 53
John Vinocur: »The Schmidt Factor«, in: *New York Times,* 21.9.1980, S. SM 1
Felix G. Rohatyn: »How the 38th President Saved New York«, in: *Leatherneck,* 4.1.2007; http://www.leatherneck.com/forums/archive/index.php/t-39562.html, aufgerufen am 3.9.2012

Seite 98
Donnie Radcliffe: »Schmidt's Dinner for Mondale: The long and short of it all«, in: *Washington Post,* 15.7.1977, S. 83

Seite 100
Nina Grunenberg: »Wer nur den lieben Gott lässt walten. Nach fünf heißen Wochen – Kohl war gut, Schmidt war besser«, in: *Die Zeit,* Nr. 41/1976 v. 1.10.1976

Seite 102
Hamburger Abendblatt: »Wachwechsel in Bergedorf«, 7.12.1985, S. 3

Seite 104
Hamburger Abendblatt: »Kunde Kanzler«, 30.8.1982, S. 6

Seite 106
Hamburger Abendblatt: »Splitter«, 20.11.1989, S. 4

Seite 108
Nina Grunenberg: »Wo Vernunft allein nicht verfängt. Mit Helmut Schmidt in Ägypten und Israel: Stationen einer schwierigen Reise«, in: *Die Zeit,* Nr. 22/1985 v. 24.5.1985

Seite 110
Washington Post: »Schmidt Talks Vex Reagan Aides«, 30.11.1980, S. A6

Seite 112
Telefoninterview mit Marcus Jürs, 24.8.2012

Seite 114
Der Spiegel: »›Nein, Mao habe ich nicht gesehen.‹ Max Frisch mit Kanzler Helmut Schmidt in China«, Nr. 7/1976 v. 9.2.1976, S. 110-132